Tina Willms | Zwischen Abschied und Anfang

Tina Willms

Zwischen Abschied und Anfang

Ein Begleiter durch die Passions- und Osterzeit

Andachten, Gedichte und Gebete

neukirchener

Die Rechte der Texte in diesem Buch liegen bei der Autorin.
Bei Interesse an einer Lesung wenden Sie sich bitte direkt an
Tina Willms: tina.willms@t-online.de.

MIX
Papier aus verantwortungsvollen Quellen
FSC® C014138

Bibliografische Information der Deutschen Nationalbibliothek:
Die Deutsche Nationalbibliothek verzeichnet diese Publikation in der Deutschen Nationalbibliografie; detaillierte bibliografische Daten sind im Internet über http://dnb.d-nb.de abrufbar.

3. Auflage 2024

Umschlaggestaltung: Agentur 3Kreativ, Essen, unter Verwendung eines Bildes von © Shutterstock/TairA (Farbverlauf); Shutterstock/Chinnapong (Leinenstruktur); Shutterstock/Valfebad (Brot und Wein)
Lektorat: Lea Omers
DTP: Magdalene Krumbeck, Wuppertal
Verwendete Schrift: Adobe Garamond Pro, Cronos Pro
Gesamtherstellung: Finidr, s.r.o.
Printed in Czech Republic
ISBN 978-3-7615-6702-9

www.neukirchener-verlage.de

Inhalt

Vorwort

Die Passions- und Osterzeit ist wie ein Brennglas, in dem sich das Dasein konzentriert. Die ganze Bandbreite des Lebens lässt sich hier entdecken: Finsternis und Licht, Leiden und Tröstung, Schönheit und Schrecken. Wir blicken in Abgründe und geraten ins Staunen. Die Geschichten und Themen dieser Zeit verschweigen nichts.

Gott wird zum Menschen und geht über die Erde. Er stellt sich dem, was das Leben hier ausmacht. Wir sehen ihn leiden und lieben, zittern und zagen, schreien und sterben. Er trägt sich in unsere Geschichten ein und wir finden uns wieder in seiner.

So zeichnet Gott sich ein in die Welt und verändert sie, mit seinen Hoffnungsbildern, die neue Wege vor Augen führen. Genau das macht ihn glaubwürdig für mich.
Und es zeigt, was es bedeutet, ihm zu folgen: Als Christinnen und Christen leben wir nicht in einer Blase, die uns abschottet oder abschirmt von der Welt. Für mich liegt die Redlichkeit des Glaubens darin, das anzuerkennen.
Wir stehen mitten im Leben. Und wir gestalten es, mit diesen himmlischen Hoffnungsbildern vor Augen, die von Umkehr und Heilung erzählen und vom Aufstehen in ein neues Leben.

Seien Sie behütet in den Zumutungen und Schönheiten Ihres Lebens.

Tina Willms, im August 2019

Gott und Mensch

Ouvertüre

(ZU MARKUS 11,1-11)

Jesus zieht in Jerusalem ein: Wie eine Ouvertüre, so kommt mir diese Geschichte vor. Ein Eingangsstück, in dem alles, was kommen wird, schon anklingt.

Da sind die Menschen, die ihn empfangen. Keinen roten Teppich breiten sie vor ihm aus, sondern einen Flickenteppich aus dem, was sie vorfinden. Palmzweige von den Bäumen am Wegrand. Dazu ihre Kleider, die sie am Leibe getragen haben. In ihnen stecken ihre Geschichten, ihr ganzes Leben legen sie aus vor ihm, der da kommen soll. Ihr Elend und ihre Hoffnungen, den Glanz ihres Lebens ebenso wie Schweiß und Schmutz.

Und der Soundtrack dazu? Das ist kein Triumphmarsch, der da erklingt. Nichts Herrschaftliches. Auch keine feine, reine, eindeutige Musik.

Die Menschen, sie jubeln und schreien. Ihre Sehnsucht schreien sie heraus und ihre Verzweiflung.
Nicht »Halleluja« rufen sie, kein »Lobt Gott!«.
Sie schreien: »Hosianna! Hosianna!« Hilf doch! Hilf uns! So wie dein Name es sagt: Jeschua, Jesus, der Retter.

Und dann endlich kommt er. Die Rufe branden auf, die Menschen recken die Köpfe.
Da, da ist er! Er, auf den wir so lange gewartet haben.

Er reitet auf einem Füllen. Seine Beine berühren den Boden fast. Und wer ihn sieht, kann es schon ahnen: Es wird nichts mit einer Machtergreifung der Art, in der einer sich selbst zum Gott macht.
Der von Gott Ermächtigte wird nicht dreinschlagen, zerstören oder gar vernichten. Er wird nicht zu Felde ziehen, um sich die Erde untertan zu machen, und wird keine Kreuzzüge ausrufen, um über Leichen zu gehen.

Der Einzug dieses Königs, der die Rettung im Namen trägt, ist geprägt von der Nähe zu denen, die auf ihn warten, die unten sind.
Er sieht die Flickenteppiche an, den Glanz, die Tränen, den Dreck, und schaut denen ins Gesicht, die sie gewebt haben. Wer ihm begegnet, wird sich verändern.

Diese Ouvertüre, sie erzählt schon von der Allmacht einer Liebe, die himmlisch ist, weil sie menschlich wird. Diese Liebe, sie scheut weder Schmerz noch Schuld, weder Leid noch das Sterben. Aber sie überlässt sich dem allen nicht.
Vielmehr stattet sie das Leben aus mit einer subversiven Kraft. Die lässt Gewalt und Hass ins Leere laufen. Und überwindet am Ende sogar den Tod.

Gott hat gewählt

Nicht das Himmelbett,
sondern die Krippe.

Nicht das Kettenhemd,
sondern die Menschenhaut.

Nicht die Königskrone,
sondern die aus Dornen.

Gott hat sich entschieden.
Er kreuzte die Liebe an,
nicht die Macht.

Er riskierte,
verwundet zu werden
an Seele und Leib.

Er setzte sich selbst
aufs Spiel.

Und wählte
als irdisches Antlitz
die Menschlichkeit.

Gebet: Sich menschlich zeigen

Menschgewordener Gott,
du kennst meine Sehnsucht
nach einer Schönheit,
die vollkommen ist.

Wie gern würde ich dich
schön finden
auf eine makellose Weise.

Unversehrt,
wohlriechend,
lächelnd
und rein.

Schwer auszuhalten,
dass du diese Wünsche durchkreuzt.

Du weinst und schreist,
blutest und schwitzt.
So wie ich
in meinen schutzlosesten Momenten.

Lehr mich,
die andere Schönheit zu sehen,
die sich erweist,
wo wir uns menschlich zeigen.

Wo wir
Wunden verbinden,
Tränen abwischen,
Schmerz aushalten
und einander beistehen
in den schwersten Stunden.

Die Stille nach dem Zorn

(ZU MATTHÄUS 21,12 FF.)

Die werden doch an anderen Tagen auch da gewesen sein. Werden ihre Tische aufgestellt und ihre Waren ausgebreitet haben:
Hinten die etwas günstigeren. Vorne, gut sichtbar, das, was gut geht und ordentlich Geld einbringt.

Ach ja, das Geld. Nicht allzu auffällig die Kasse mit dem Wechselgeld bereithalten. Hoffentlich wird sie am Ende des Tages schwerer wiegen als am Morgen.

Dann beginnen sie anzupreisen, was sie zu bieten haben. Die besonders dicke Taube: als erhalte man durch sie besondere Gnade. Das unversehrte Lamm: als bringe es größeren Segen. Wer von weit her kam, konnte seine Opfertiere nicht mitbringen. Eine Marktlücke entstand. Und so stehen sie da, die Tempelhändler, und preisen ihre Opfertiere an.

Ja, sie werden doch an anderen Tagen auch da gewesen sein. Was ist geschehen, dass Jesus jetzt einschreitet? Er kommt ja nicht zum ersten Mal in den Tempel.
Diesmal aber entbrennt ein Zorn in ihm, unbändig und heiß. Als sei in ihm eine Wahrheit gewachsen, für die jetzt der Kairos gekommen ist, der genau richtige Zeitpunkt. Und sie verleiht ungeahnte Kraft.

Ich kann sehen, wie er zu wüten beginnt: Was habt ihr aus dem Haus Gottes gemacht? Er tritt gegen einen Tisch und schreit den an, der dahinter sitzt: Verschwinde!
Dies soll ein Bethaus sein und kein Supermarkt, in dem ihr die Hoffnungen der Menschen zu Geld macht.

Dann fegt er mit der Hand über die Tischplatte. Die Tauben flattern panisch in ihren Käfigen. Federn und Fetzen fliegen.

Raus, alle raus hier, schreit er. Gott ist nicht käuflich. Seine Gunst lässt sich nicht mit Geld erwerben. Sein Segen ist weder handel- noch handhabbar.

Er stößt die Stühle um, auf denen die Händler eben noch saßen und ihre Ware anpriesen. Und wirft über den Haufen, was hier feilgeboten wird: Liebe, die an Bedingungen geknüpft ist. Opfergaben, die Gott zum Handelspartner machen. Ablässe, die seine Gnade in kleine Münze umwandeln.

In Jesus entbrennt ein Zorn, der den Namen »Heilig« verdient. Denn er gibt Gott und den Menschen ihre Würde zurück. Und sagt uns bis heute:

Gott ist frei und dennoch ein Liebender. Souverän ist er und doch voller Güte. Wo er wohnt, gelten andere Gesetze als die des Marktes. Vorweisen musst du vor ihm weder Leistung noch Schönheit. Stell dich vor sein Angesicht so wie du bist. Und es wird leuchten über dir.
Und wenn du krank wirst, dann soll keiner sagen, es sei deine Schuld. Niemand hält sein Leben selbst in der Hand. Keiner kann es sich erkaufen, schon gar nicht durch Opfer.

Die Händler klauben vom Boden auf, was sich noch gebrauchen lässt. Schnell packen sie ihre Sachen und gehen. Und dann wird es hinter dem heiligen Zorn sehr still.
Auch Jesus wird ruhig. Und betritt besänftigt nun endlich den Tempel.

Die Leere ist fühlbar, ungeschützt.
Noch wartend, dass einer Spuren präge in den sich öffnenden Augenblick.
Dass einer den Freiraum fülle, in dem Gott und Menschen Gelöste sind.

Und es gingen zu ihm Blinde und Lahme in den Tempel, und er heilte sie.

Wo Gott wohnt

Wo Gott wohnt,
schweigen die schweren Worte,
verhallen die harten Töne,
ist es vernehmbar still.

Wo er wohnt,
fallen die Mauern,
wuchert das Leben,
ist es sichtlich sanft.

Wo er wohnt,
sucht er mich auf,
finde ich mich wieder
in seinem Licht.

Gottes Traum

Gott trägt seinen Traum ein in unsere Welt.
Menschen sind vom Markt genommen, sind geliebt, weil sie sind.
Zeit ist Zeit. Und nicht Geld.
Börsenkurse geraten in Vergessenheit.
Schenken kommt in Mode.
Aus der Leistungsgesellschaft wird eine Liebesgesellschaft.
Segen strömt aus der Quelle des Lebens. Unerschöpflich, umsonst.
Manchmal scheint die Welt innezuhalten.
Als sei der Himmel zum Greifen nah.

Gottes irdisches Antlitz

(ZU PHILIPPER 2)

Gott gleich sein zu wollen, ist wohl eine der größten Versuchungen des Glaubens.

Menschen, die ihr unterliegen, reden von Gott, als gehöre er ihnen. Sie vertreten die eigenen Überzeugungen mit einem Absolutheitsanspruch, der keinen Widerspruch duldet. Sie machen sich Gott dienstbar für das eigene Machtgebaren, ja, oft scheuen sie sich nicht einmal, im Namen Gottes Kriege zu führen gegen die, die anders oder gar nicht glauben.

Jeder menschliche Absolutheits- oder Allmachtsanspruch aber ist eine Gott geraubte Macht, die unmenschlich macht. Es ist uns nicht gegeben, allmächtig oder allwissend zu sein.

Wohl darum erscheint es dem Verfasser des Philipperhymnus so bemerkenswert, dass Jesus, der Gottessohn, es gerade nicht als einen Raub nahm, Gott gleich zu sein.

Als er sich auf den Weg zur Erde machte, um Mensch zu werden, ließ er alle Göttlichkeit hinter sich. Er schlüpfte in die Haut des Menschen, ganz und gar, ohne doppelten Boden, ohne Notausgang oder Hintertür. Jesus erniedrigte sich, er lieferte sich aus. Dem Menschsein. Und den Menschen. Geboren werden, über die Erde gehen, vergänglich sein. Weinen und klagen, feiern und glücklich sein. Verstanden und verspottet werden. Freunde finden, von Gegnern bespuckt werden. Jubelnd willkommen geheißen und später mit Dornen bekrönt.

Und doch war und blieb er ein besonderer Mensch. Was macht die Gottgleichheit aus, von der es heißt, er habe sie nicht als Raub betrachtet?

Ich stelle mir vor, dass Jesus sich vollkommen in Gott eingefühlt hat, als käme er ganz aus dessen Herzen. Er hat ihn bis auf den Grund verstanden:

Gott ist so frei, die Trennlinie zwischen Himmel und Erde behutsam fortzuwischen. Er ist so verwegen, die Perspektive zu wechseln und sich einzufühlen in die Menschen. Und er ist so beherzt, seine Allmacht nicht mit Gewalt durchzusetzen, sondern sie der Liebe anzuvertrauen.

Darum kommt er nicht als gewaltiger Herrscher daher, sondern als Kind: angewiesen auf andere Menschen, die ihn unterstützen, damit er groß werden kann.
Durch Jesus erfahren wir: Gott verringert das Machtgefälle zwischen sich und der Welt nicht nur, er kehrt es sogar um. Verletzlich wird er und bedürftig. Ein Säugling, ungeeignet als Projektionsfigur für Allmachtsfantasien und Größenwahn.
Gott zieht das Wagnis den unumstößlichen Gewissheiten vor. Er wählt die Menschlichkeit als göttliches Antlitz. An jedem Morgen begibt er sich neu ins Leben.
Was bedeutet es heute, Gott nicht zu berauben, sondern seine Freiheit zu achten? Wie könnte es aussehen, Jesus zu folgen?
Es könnte heißen, auf triumphalistische Rede zu verzichten, die allzu vollmundig und selbstgewiss vom großen und allmächtigen Gott spricht.
Es könnte bedeuten, die Insignien der Macht aus der Hand zu geben: Geld, Einfluss und Ruhm zu teilen und für andere einzusetzen.
Es könnte sich zeigen in der Fähigkeit, die Perspektive zu wechseln und sich einzufühlen in Geflüchtete und Unterdrückte und sich mit ihnen zu solidarisieren.
Jesus zu folgen ist riskant. Es bedeutet, nicht zu wissen, wie es ausgeht. Einen Vertrauensvorschuss in die Welt schicken. Lieben, ohne zu fragen, ob es sich lohnt. Menschlichkeit leben, denn sie ist Gottes irdisches Antlitz.

Segenswunsch: Menschlich

Ich wünsche dir Mut,
fehlbar zu sein,
unvollkommen und makelhaft.

Mit verletzlicher Haut,
anrührbarem Herzen,
Augen, die weinen können,
und einer Seele,
die Schaden nehmen kann.

Ich wünsche dir den Mut,
ein menschlicher Mensch
zu sein.

Zittern und Zagen

Gethsemane

(ZU MATTHÄUS 26,36 FF.)

Am Anfang sind alle noch da.
Doch bald schon verkleinert sich der Kreis.

Die engsten Freunde möchte er in der Nähe wissen.
Ihnen, denen er auch die Angst zumuten kann. Und die Tränen.
Er zeigt ihnen nun seine dünne, verletzliche Haut.
Vor ihnen wagt er, zu zittern und zu zagen.

Er ahnt es ja schon: Es geht um das ganze Leben.
Dann sie, die ausgehalten haben, im Hintergrund wissen.
Ein Rückhalt, wenn er allein weitergeht.

Gleich schon wird er sie nicht mehr sehen und spüren können.
Es wird ihm so vorkommen, als seien auch sie gegangen.
Dann an sie denken und sich dennoch darauf verlassen:
Sie sind ja da. Und wachen über mich.

Weitergehen, während das Leben schon aus den Händen gleitet.
Einen Schritt vor den anderen setzen in die Nacht.
Als warte dort, wo es so finster ist, doch noch ein Gegenüber.

Die Augen erkennen kaum noch etwas.
Die Finsternis erscheint wie ein leerer Raum.
Auch der Sinn für sein Leben scheint verloren zu gehen.

Da schickt er die eine, die letzte Bitte ins Dunkle:
»Mein Vater. Ist's möglich, so gehe dieser Kelch an mir vorüber.«

Als ahne er, dass auch ihm, dem Vater, die Hände gebunden sein könnten.
Dass er, der so allmächtig schien, machtlos ist.

Als habe er ihn verlassen.

Allein

»Wachet und betet«,
flehendes Wort.

Den Freunden aber
lag die Trauer
zu schwer
auf den Lidern
und über die Lippen
kam ihnen
kein Wort.

So blieb er allein
mit den Tränen,
den Fragen
und der verzweifelten Bitte:
»Lass doch den Kelch
vorübergehen!«

Mag sein, dass er
seine Stirn
an die rissige Borke
eines Ölbaums lehnte.

Und dem Wind lauschte,
der seufzend
durch die Zweige strich,
auf der Suche
nach einem Zuhause.

Einander nahe bleiben

Allein zu sein, das kennen viele, die durch ein finsteres Tal müssen. Tatsächlich kann niemand für mich meinen Lebensweg gehen, keiner kann meinen Schmerz auf sich nehmen oder meine Trauer durchleben.

Zu dieser Weise, allein zu sein, gesellt sich bei vielen zudem das Gefühl, alleingelassen zu werden. Ein Nachbar wechselt die Straßenseite, um nicht mit mir sprechen zu müssen. Die Freundinnen und Freunde kommen seltener zu Besuch, ja, manche lassen sich gar nicht mehr blicken.

Und umgekehrt?
Ich kenne die Frage: Was soll ich ihm denn sagen, dem Mann, dessen Frau unheilbar krank ist? Ich komme mir so hilflos vor. Wie soll ich ihr begegnen, der Frau, die im sechsten Monat schwanger war und ihr Kind verloren hat? Mir verschlägt es doch selbst die Sprache.

Wenn ich mich einfühle in sie, spüre ich meine eigene Angst. Ich ahne, wie unerträglich das ist, was sie zu tragen haben.

Aber: Meine Fantasien über das, was die anderen durchmachen müssen, sie treffen nur zu einem kleinen Teil zu. In düsteren Farben malen sie Momente vor Augen, die ich nicht aushalten könnte, und blenden darüber aus, wie gut es tut, einander nahe zu sein.
Denen, die trauern, weil sie sich nicht verlassen fühlen.
Denen, die bleiben, weil sie spüren, wie wohl sie dem anderen tun.
Wie tröstlich kann es sein, miteinander zu schweigen, jemandem einen Tee zu machen oder ihn liebevoll zu berühren. Und zu spüren, wie auch die eigene Angst sich darüber verliert.

Die düsteren Bilder, sie erzählen auch nicht, wie empfänglich man ist, wenn die Haut aufgeraut und dünn ist. Auch für das Gute.

Bis heute erinnere ich mich an die Karte einer Freundin, die ich bekam, als ich trauerte. Sie hoffte für mich, als ich es nicht konnte.
Nie leuchteten die Krokusse so schmerzlich schön wie in dieser Zeit. Als wollten sie einen Kontrast setzen gegen die Dunkelheit in mir.
Solche Geschichten erzählt die Fantasie über das Schwere nicht, sie lerne ich erst durch die Erfahrung.

Ich muss das Leid eines anderen nicht jederzeit, an jedem Tag und in vollem Ausmaß aushalten können. Es ist gut, eigene Grenzen zu spüren.

Aber ich möchte meine Motive prüfen. Denn manchmal drücke ich mich mit fadenscheinigen Argumenten um einen Besuch herum. Oder verliere mich in meiner eigenen Angst.
Ich will die Momente erkennen, in denen ich andere begleiten kann, und will dann den Schritt wagen.
Will fragen: Wie geht es dir? Was kann ich für dich tun? Will Tränen ertragen und Ausweglosigkeit aushalten.

Und später spüren: Es hat gutgetan, einander nah zu bleiben. Beiden, dem anderen und auch mir. Es hat unsere Freundschaft gestärkt und das Leben reicher und tiefer gemacht.

Wenn

Gott,
wenn es ihn gäbe,
er legte vielleicht
der verstummten Hoffnung
ein paar Worte
in den Mund.

Gebet: Wo bist du?

»Ich bin, der ich bin«,
hast du versprochen.
Ich bin »Ich bin da«.

Wo aber bist du,
wenn ein Mensch vor Schmerz vergeht?
Und wo, wenn einer dem anderen Leid zufügt?
Wo bist du, wenn eine Welle das Land überrollt
und ein Erdrutsch unter sich begräbt,
was doch leben sollte.

Bist du noch da,
wenn du unerreichbar scheinst?
Anwesend doch,
wenn du abwesend bist?

Ich rufe dich
bei deinem Namen
und werfe dir
dein Versprechen vor:

Komm und sei,
der du bist:
Komm und sei:
»Ich bin da!«

Karfreitag

In der Stille dieses Tages
ist Raum für den Schmerz
nicht nur eines Lebens.

Zittern – Zagen – Bleiben

(EIN GASTBEITRAG VON HEINKE WILLMS)

Jeden Montag decken Menschen des Vereins »Hilfe für krebskranke Kinder« festlich den Tisch. In der Elternküche der Kinderkrebsstation in der Frankfurter Uniklinik bereiten sie ein köstliches Abendessen vor.
Ein Mann reibt eine Gurke in dünne Scheiben, denn der selbstgemachte Gurkensalat ist ein Muss an diesen Abenden.
Zwei Frauen decken den Tisch mit bunten Tassen und Tellern, darauf legen sie gefaltete Servietten.
Der Partyservice war auch schon da, das warme Essen steht bereit.
Nun gehen die Gastgeber in jedes Patientenzimmer.
»Wir wollen euch einladen«, sagen sie. »Heute gibt es wieder ein festliches Abendessen in der Küche.«
Und das kleine Mädchen im ersten Zimmer fragt: »Was gibt es denn?«
»Heute gibt es Hähnchen«, antwortet der Mann. »Diesmal wurde dein Wunsch erfüllt.«
»Das ist ja super«, freut sich das Kind.
»Wollen wir in die Küche gehen?«, fragt ihr Vater.
»Was ist denn das für eine Frage?«, meint das Mädchen empört. »Natürlich! Ich habe schon Hunger.«
Als sie in der Küche ankommen, ist schon eine Menge los. Eltern und Kinder sitzen um den großen Tisch, dazwischen Mitglieder des Vereins. Alle lassen es sich schmecken.
»Was nehmt ihr?«, fragt der Mann, der das Essen austeilt.
»Von allem ein bisschen«, antwortet das Mädchen. Der Vater nickt.
»Hier ist noch Platz.« Eine Frau zeigt auf zwei leere Stühle. »Möchten Sie heute mal ein Glas Wein trinken?« Gerne nimmt der Vater das Angebot an. Dann stoßen die Eltern an, auf gute Genesung ihrer krebskranken Kinder.
Am Tisch kommen sie ins Gespräch. Eine Mitarbeiterin des Vereins erzählt: »Vor 30 Jahren war ich mit meinem Sohn hier auf der Station.

Leukämie hatte er. Über ein Jahr lang musste er immer wieder zur Chemo »einrücken«. Sie nimmt ihr Glas und trinkt einen Schluck.

»Er hatte Glück«, erzählt sie dann. »Er wurde geheilt. Heute ist er verheiratet, hat selber Kinder.«

»Seit er krank war«, fügt sie hinzu, »engagiere ich mich hier. Ich weiß, wie wichtig die Unterstützung in so einer Zeit ist.«

Dann fragt sie den Vater, was seine Tochter hat.

Und er erzählt.

Sie hört zu, fragt nach und hört weiter zu.

»Wollt ihr ein bisschen Musik hören?«, fragt die Mutter einer Patientin.

Viele am Tisch nicken. Ein spanisches Lied klingt durch die Küche.

Als die Kinder schon wieder in den Zimmern sind und schlafen, sitzen die Erwachsenen noch lange in der Küche.

Sie erzählen. Von ihren Kindern. Von sich. Sie lachen viel und sind manchmal auch nachdenklich oder traurig.

Sie schließen Freundschaft auf Zeit. In der Küche dieser merkwürdigen WG von krebskranken Kindern und ihren Eltern. In die an jedem Montagabend die Mitglieder des Vereins »Hilfe für krebskranke Kinder« kommen, um ein Essen zuzubereiten und da zu sein. Um bei denen zu bleiben, die zittern und zagen.

Und dazu singt an diesem Montagabend Mercedes Sosa: »Gracias a la vida.« Ich danke dem Leben.

Segenswunsch: Ausharren

Ich wünsche dir
Menschen an deiner Seite,
die ausharren,
wenn um dich herum
die Schatten wachsen
und es so dunkel
um dich wird,
dass du keinen Weg
mehr siehst.

Menschen,
die dich halten
durch ihr Nahsein,
dich trösten
mit ihrer Wärme
und dich stärken
mit Zärtlichkeit.

Abschied und Vermächtnis

Was bleibt

(ZU MATTHÄUS 28,20)

Abschiedsmomente, unwiderruflich. Überschrieben mit einem großen »Nie wieder«.
Nie wieder einander in die Augen sehen. Nie wieder Worte wechseln. Fragen, die ohne Antwort bleiben. Schmerzhaft leer die Hände, weil ihnen ein Gegenüber fehlt.
Und unter allem die Frage: Was bleibt?
Wohin mit der Liebe, die noch gelebt werden will? Wohin mit den Worten, die gesagt werden und den Gesten, die gezeigt werden wollen?
Die Evangelien führen vor Augen, wie Jesus Abschied nimmt. Da ist es, als tröste er seine Jünger, bevor er sie für immer verlässt.
Zärtlich wäscht er ihnen die Füße. Einmal noch teilt er mit ihnen Brot und Wein.
Als wolle er sich einzeichnen in ihr Leben mit seinen Gesten und Worten. Die bleiben abrufbar, über sein Leben hinaus. Wenn die Jünger sie wiederholen, holen sie darin auch die Erinnerung zurück, in der Jesus wohnt. Das wird ihre Trauer nicht verschwinden lassen. Sie lässt sich nicht überspringen. Aber Jesus weist einen Weg, wie sie sich überleben lässt.
Ich bleibe, sagt er, auch wenn ich gehe. Auf eine andere Weise bin ich dann nah. Bin da, wenn ihr miteinander esst und euch erinnert an mich.

Und eure liebevollen Worte, eure zärtlichen Gesten: Sie müssen nicht ins Leere gehen. Sie werden in euch wachsen und dann warten andere Menschen auf sie.
Manches Mal habe ich schon gespürt, wie ein Mensch nah ist, auch wenn er gegangen ist.
Was er mir bedeutet hat, bleibt in mir. Immer noch kann ein Wort trösten, das er gesagt hat. Immer noch spüre ich seine Hand stärkend auf meiner Schulter. Oder liebevoll an meine Wange gelegt. Dann ist es, als sei er noch einmal da.
Der Himmel, den Jesus mit sich brachte, bleibt. Mitten unter uns. Tröstend und stärkend. Und zugleich angewiesen darauf, dass wir ihn mit Worten und Gesten weitertragen. Bis an das Ende der Welt.

Anders gesagt: Abendmahl

Brot und Wein: Und Gott zeichnet sich in mein Leben ein.
Guten Boden malt er mir unter die Füße und über mir einen Himmel, der offen steht. Licht fällt dorthin, wo es dunkel war. Menschen sind an meiner Seite und ich an ihrer, und wo ich eine Sackgasse vermutete, skizziert er einen neuen Weg.
Mein Lebensbild bekommt eine Perspektive, die weiter reicht als der Horizont, Farben und Bilder, die unvorstellbar sind.
Unterwegs gehe ich neben anderen und sehe, wie er dort weiterzeichnet: Seine Freundlichkeit strahlt aus unseren Augen. Und er denkt seine Friedensgedanken in unseren Köpfen. Mit unseren Händen wischt er Tränen ab und teilt Brot, Geld und Rosen. Unsere Füße nimmt er mit auf seine Wege, zu Kranken und Einsamen. Und seine Liebe ist in unseren Herzen.
Wir sind durchdrungen von ihm, seinem Leben, seiner Zukunft.

So schwer

Deine Stimme ist stumm,
deine Gesten ruhen.

So schwer,
dich loszulassen
und weiterzugehen
in das schweigsame Land,
in dem du nun fehlst.

Gehalten allein
von der Hoffnung,
dass deine Gesten
im Erinnern wiederkehren
und deine Stimme
wieder klingen wird
in mir.

Gebet: So weit

Wenn es so weit ist
und der Abschied im Raum steht,
dann gib mir, Gott, Kraft,
ihn anzuschauen.

Hilf mir, in seiner Gegenwart
die Tage zu gestalten, die bleiben.

Geben lass mich, was ich noch geben kann.
Einen Blick, eine Hand, eine zärtliche Geste.
Eine Hoffnung, die weiter reicht,
über uns selbst hinaus.

Sagen lass mich, was noch zu sagen ist.
Ein Danke, ein Verzeih, ein Adieu.
Ein »Ich trage dich weiter
in meinem Herzen!«

Und wenn es schließlich so weit ist,
hilf mir, loszulassen
und das, was kommen wird,
dir anzuvertrauen.

In der Hoffnung,
dass du uns hältst
auf beiden Seiten,
im Land der Zeit
und dem der Ewigkeit.

Was die Liebe vermag

(ZU MARKUS 14,3-9)

Keiner weiß, wie sie in den Raum gekommen ist. Unbemerkt hat sie die Schwelle überschritten, nun ist sie da, aufgetaucht aus dem Nichts. Im Haus des Aussätzigen, wo sie nichts zu suchen hat und wo eine Männerrunde – jedenfalls ist im Text nur von ihnen die Rede – sich eben zu Tisch begeben hat.

Einer der Männer springt auf, so stelle ich es mir vor, und fragt, was sie will. Sie lässt ihn links liegen. Sie wird sich weder beirren noch aufhalten lassen. Wie an der Schnur gezogen geht sie auf Jesus zu.

Als sie dann vor ihm steht, zieht sie ein Fläschchen aus ihrem Gewand. Weiß schimmert es auf. Alabaster.
Man hört, wie einer die Luft anhält. Anderen stehen vor Staunen die Münder offen. Ehe jemand sie daran hindern kann, zerbricht die Frau vorsichtig den Hals der Phiole. Duft breitet sich aus, erst zart, dann immer kräftiger, köstlich und wunderbar erfüllt er den Raum.
»Das ist Nardenöl!«, flüstert einer und atmet tief ein.
»Es muss ein Vermögen gekostet haben!«

Mit zärtlichen Händen streicht die namenlose Frau nun Jesus das Öl auf den Kopf, dann auch in das Gesicht, und verreibt es. Und so salbt sie ihn, wie man einen König salbte. Und doch salbt sie ihn auch, wie Jesus selbst zu ihr sagen wird, für sein Begräbnis.

Als habe sie schon geahnt, was kommen wird. Als wüsste sie, dass im Angesicht des Abschieds alte Maßstäbe nicht mehr zählen. Was sie tut, lässt sich nicht in eine Währung umrechnen, die an der Börse gehandelt werden könnte.

Die Liebe spricht in einer anderen Sprache als der des Geldes. Sie verwandelt ihr Vermögen in eine Zärtlichkeit, die unbezahlbar ist, und verschwendet sich.

Keiner, der dabei war, wird diesen Moment jemals vergessen. Ja, er wird weitererzählt und später aufgeschrieben. Und so überliefert bis in die Gegenwart. Mitten in den wehmütigen Abschied hinein pflanzt die namenlose Frau einen österlichen Moment. So erzählt sie, was die Liebe vermag: Grenzen umgehen und Anstoß erregen, sich verschwenden und zärtlich sein, Duft verströmen und Würde verleihen, trösten und überdauern.

Vermächtnis

Welche Worte
will ich sagen,
die weiterklingen?
Ich warte nicht länger.
Ich sage sie heute.

Welche Spur
will ich legen,
die erzählen wird von mir?
Ich warte nicht länger.
Ich lege sie heute.

Welche Pflanze,
die ich säe,
wird sich wiegen im Wind?
Ich warte nicht länger.
Ich säe sie heute.

Was wird bleiben,
wenn ich gehe?

Was vermache ich
Menschen und Erde?

Verbunden

Das Kreuz: ein Steg
über dem Abgrund des Todes.

Ausgebreitet die Arme,
die mich drüben
empfangen werden.

Segenswunsch: Endlich leben

Alles ist endlich.
Jedes Jahr, jeder Tag, jede Stunde:
Alles vergeht.

Doch im Angesicht des Abschieds
erscheinen die Jahre kostbarer.
Als leuchteten sie.

Und die Vergänglichkeit
in den Blick zu nehmen,
verleiht deinem Dasein Tiefe.

So wünsche ich dir
den verwegenen Mut,
endlich zu leben.

Tod und Sterben

Bleiben bis zuletzt

Wenn ein Mensch auf den Tod zugeht, wird der Kreis um ihn herum kleiner. Die Welt reduziert sich auf ein Zimmer, das Bett.
Die Besucher werden weniger. Am Ende sind es meist nur noch die vertrautesten Menschen. Manchmal auch gar keiner mehr. Oder – im Hospiz oder Krankenhaus – eine fremde Person, die nun zur Nächsten wird.

Für Jesus ist es kein Bett, sondern das Kreuz. Er, festgenagelt, gefangen im Schmerz. Viele haben sich abgewandt, sie ertragen den Anblick nicht mehr. Nicht mehr sehen müssen, wie der andere immer weniger wird. Mit seinen Kräften scheint ja auch das zu schwinden, was er ihnen bedeutet hat. Nicht mehr die Schmerzenslaute hören müssen, zuerst das Schreien, später das Seufzen und Wimmern.

Drei Menschen aber harren aus. Zwei Frauen, ein Mann: Maria, seine Mutter. Maria Magdalena, seine Freundin. Johannes, der Lieblingsjünger. Sie halten aus, was nicht zu ertragen ist. Und bleiben bei dem, den sie mehr als alles lieben, obwohl er ihnen verloren geht.

Das ist dein Sohn, hatte Jesus noch zu Maria gesagt und zu Johannes geschaut. Das ist deine Mutter, hatte er Johannes gesagt, und sein Blick war zurück zu Maria gegangen. Der Tod, er wird neue Verbundenheiten schaffen.

Ein Trost ist das nicht. Niemand kann den ersetzen, der geht, gehen muss. Aber manchmal entsteht eine neue Nähe zwischen denen, die bleiben. Weil sie gemeinsam geliebt, gehofft, gebangt und ausgehalten haben. Sie werden miteinander verbunden, auf eine Weise, die das Leben vertieft und ihm einen anderen, neuen Sinn verleiht.

Anders gesagt: Tröster

Ein Tröster ist einer, der die Härte des Todes nicht beschönigt. Er öffnet dem Gegenüber einen Raum, in dem alles sein darf, und hält seine Tränen, hält Wut und Verzweiflung aus. Er nimmt darin die Liebe zum nun Verlorenen wahr und sieht die Angst vor dem, was die Zukunft bringt. Ein Tröster weiß: Erst auf dem Grund der Trauer ereignet sich eine Wende und der weite Weg zurück ins Leben beginnt.

Lebendig und neu

Gott, er ist stark, sagte er sich. Er wird mich retten. Er wird ein Wunder geschehen lassen, wenn keiner mehr daran glaubt. Dann werde ich auferstehen, aus diesem Bett, von dieser Krankheit, von meinem Kampf.

Sie hatte ihn besucht. Wieder und wieder.
Hatte sich seine Sprüche angehört. Nur die Harten kommen in den Garten. Ich werde wieder gesund. Ich habe noch so viel vor.
Hatte gesehen, wie ihm die Haare ausfielen, wie das linke Bein immer dicker wurde. Und sich mit ihm gefreut, wenn er wieder nach Hause konnte.

Doch er kam wieder ins Krankenhaus, jedes Mal. Und wenn sie das Zimmer betrat, empfing er sie mit lockeren Sprüchen und Zuversicht. Einmal erzählte er von seiner Kindheit. Wie sie in den Apfelbäumen gesessen hatten. Und er gab ihr ein Rezept für – wie er sagte – die besten Salzgurken mit auf den Weg.

Einmal lud er sie ein, auf einen Kaffee in der Cafeteria. Als sie im Fahrstuhl nach unten fuhren, er schon im Rollstuhl, da weinte er.

Er schlief immer öfter, immer mehr. Und erzählte, wenn er wach war, von seinem Gott, der ihn retten werde.

Als er schon nicht mehr aufstehen konnte, bat er sie um eine Geschichte. Die habe ihm viel bedeutet. Es sei die Geschichte von Elia. Er würde sie gerne wieder einmal lesen.

Sie kopierte die Seiten aus der Bibel, in groß. Von Elia, dem nach all seinen Kämpfen ein sanfter Gott begegnet.
Als sie ihm die Geschichte geben wollte, schlief er. Sie legte sie auf seinen Nachttisch und schrieb einen Gruß dazu. Es sollte der letzte sein.

Die Geschichte von Elia aber ging mit ihr mit. Fast wie ein Vermächtnis.

Wenn die Bilder von Gott zerbrechen, zerfällt seine Macht. Und er zeigt sich dahinter lebendig und neu.
Als zärtlicher Gott, der dich stärkt für den langen Weg, der vor dir liegt.
Auch für den Weg durch den Tod.

Wortlos

So gern
hätte ich deine Stimme
noch gehört und
(ich gebe es zu)
ein Dankeschön,
ein Abschiedswort.

Du schliefst,
als ich
zum letzten Mal
dein Zimmer betrat.

Dich zu berühren
wagte ich nicht,
du hattest es mir
zu selten gestattet
und meine Haut
brannte noch.

Nur die Geschichte ließ ich da
– du hattest mich ja darum gebeten –

von dem Engel,
der die Müden stärkt
und der (wie vermessen)
ich
wohl gerne
gewesen wäre.

Als ich wiederkam,
warst du schon fort.
Hattest dich davongemacht,
ganz leise,

als solle keiner merken,
dass du den Kampf
trotz des Allmächtigen
an deiner Seite
verloren hattest.

Gebet: Gehen müssen

Gott,
einmal werde ich
gehen müssen.

Einmal werde ich
nicht mehr da sein.

Unvorstellbar,
ich bin mir so selbstverständlich,
dass ich mich nicht
denken kann
ohne den Tag
nach dem Morgen.

Ich will
auf den Engel hoffen,
der mich bewahrt,
auch, wenn ich mir verloren gehe.

Und will mich bergen
in deinen Namen,
der hinausreicht über die Zeit
und uns aufnimmt
wie offene Arme:
»Ich bin da«.

Die Stille danach

Der letzte Atemzug eines Lebens. Die Stille danach.
Als ihr Vater starb, hat sie diese Stille fast als heilig empfunden. Vorbei der Schmerz, das Leiden.
Vorbei aber auch das Leben.
Einige Momente bei ihm bleiben, seine noch warme Hand in ihrer. Die Mutter streicht ihm die Augen zu. Eben noch die schweren, dann schnappenden Atemzüge. Und nun Schweigen.

Irgendwann steht die Mutter auf. Sie hört ihre Stimme am Telefon. Der Pfarrer kommt, er spricht ein Gebet und einen Segen. Einige Stunden liegt der Vater in seinem Bett. Als schliefe er. Nur stiller. Und so blass.
Gegen Abend kommt der Bestatter. Zu zweit waschen sie den Leichnam und kleiden ihn um. Nun liegt der Vater in seinem Anzug da. Der Bestatter nimmt ihn mit.

Und schon bald beginnt die Geschäftigkeit. Sie hilft, das Unbegreifliche auf Distanz zu halten. Gefühle, die unerträglich erscheinen, noch eine Weile fernzuhalten.
Sie tun das, was sie noch für ihn tun können. Gestalten diese Phase nach seinen Wünschen, so, wie es zu seinem Leben passt.

Die Trauerfeier vorbereiten, Karten schreiben und verschicken, Verwandte und Nachbarn bewirten, die zu Besuch kommen. Wohltuend sind die, die von dem erzählen, was er ihnen bedeutet hat. Auf gute Ratschläge hingegen, auf Prognosen zum Trauerprozess könnte sie gut verzichten.

Wie lange dauert die Trauer? Sie dauert so lange sie dauert.
In den ersten Monaten ist sie einem Gewirr von Gefühlen ausgesetzt.
Ein Erinnerungsanlass von irgendwoher, und schon fließen die Tränen und lassen sich nicht aufhalten.

Es wird anders, ein langsamer, langer Weg. Manchmal träumt sie von ihm. Immer mehr spürt sie, dass der Vater weiterlebt in ihr. In Bildern, Erinnerungen, Gesten. Im Gedächtnis des Körpers, der seine Hände noch spüren kann.

Doch auch Jahre später gibt es Momente, in denen die Trauer sie überfällt. Feiern, auf denen er fehlt, die Fragen der Kinder, die seine Enkelinnen und Enkel gewesen wären.

Ein Mensch, der einem lieb war, hört nicht auf, bei einem zu sein.
Und er hört nicht auf, einem zu fehlen.

Anders

Das Leben geht weiter, sagen sie.
Und sie haben ja recht.
Die Erde dreht sich. Die Wecker ticken.
Und draußen singt auch heute
die Amsel ein Morgenlied.

Das Leben geht weiter,
die Erde dreht sich.
Für mich aber
ticken die Wecker anders
und nichts ist mehr so
wie es war.

Segenswunsch: Am Ende des Tunnels

Ich wünsche dir einen
an deiner Seite,
der an dich glaubt,
wenn du selbst nicht mehr weiterweißt,
der weiterhofft,
wenn die Welt dir finster erscheint,
der bei dir bleibt,
wenn du dich verloren fühlst.

Damit du das Licht
am Ende des Tunnels
schon spüren kannst,
auch wenn du es
noch gar nicht siehst.

Schuld und Scham

Der Hahnenschrei

(ZU MARKUS 14,66-72
UND EINEM KIRCHENFENSTER VON OTTO DIX)

Übergroß, aufrecht, ja geradezu triumphierend: der Hahn. Aus seinem Schnabel der Schrei. Man kann ihn hier nicht hören, und doch ist er nicht zu übersehen. Unbarmherzig breitet er sich aus über dem, der sich die Ohren zuhält.

Petrus will es nicht hören. Aber das hilft ihm nichts. Gnadenlos gellt der Schrei über ihm und wächst in die Stille. Er bedrängt den sonst so forschen Jünger und drückt ihn nieder. Es ist, als wachse eine graue Mauer um ihn herum.

Petrus, am Boden zerstört. Die Augen hat er geschlossen, bloß nichts sehen, nichts hören, nichts wahrnehmen. Tränen laufen ihm über das zerfurchte Gesicht. Er ist erschüttert und entsetzt über sich selbst. Er wollte doch stark sein, ein Fels. Er hatte doch Jesus die Treue geschworen: »Auch wenn ich mit dir sterben müsste, werde ich dich nicht verleugnen!« (Mk. 14,31).

Und jetzt das: Gleich dreimal hat er es abgestritten, dass er zu Jesus gehört. Genau wie der es ihm vorhergesagt hatte.

Nun hält der Hahnenschrei ihm den Spiegel vor, nimmt ihm die

Illusionen, das schöne Bild von sich selbst. So einer bist du, Petrus, und nun schau dich an: ein Großmaul mit Worten. Ein Feigling aber in dem, was du tust. Verrätst deinen besten Freund.

Der Künstler Otto Dix hat diesen Hahnenschrei sichtbar gemacht.
Im Jahr 1936 lässt Dix sich auf der Halbinsel Höri am unteren Bodensee nieder, nahe der Grenze zur Schweiz. Nicht weit entfernt vom Rheinfall in Schaffhausen lebt er auf einer Anhöhe mit Blick auf den See. Dix ist 45 Jahre alt. Drei Jahre zuvor ist er, Professor an der Kunstakademie in Dresden, von den Nationalsozialisten entlassen worden. Seine Kunst ist als »entartet« gebrandmarkt, aus Ausstellungen entfernt und sogar verbrannt worden.

Als nach dem zweiten Weltkrieg viele Geflüchtete auf der Höri einen neuen Anfang suchen, soll in der Gemeinde Kattenhorn eine neue Kirche entstehen. Der Pfarrer bittet Otto Dix, Entwürfe für Fenster einzureichen.
Nachdem seine Vorschläge von einer großen Mehrheit befürwortet worden sind, gestaltet Dix 1958 also die Kirchenfenster, die den Namensgeber der Kirche zum Thema haben: Petrus. 1959 wird sie eingeweiht.

Wer die Kirche besucht, kann nun den Hahnenschrei sehen, unter dem Petrus zu Boden geht. Er breitet sich aus, wächst in die Stille hinein und wird so auch zur Frage an die, die vor dem Bild stehen, um es zu betrachten.

Nach den Augenblicken im eigenen Leben fragt der Schrei, in denen ich eine Lüge zur Wahrheit erkläre. Nach den Legenden meines Lebens fragt er, die ich immer wieder erzähle, weil ich selbst so gerne glauben würde. So werden sie zu blinden Flecken, die ich nicht wahrhaben muss. Und ich kann das gute Bild von mir selbst aufrechterhalten, vor dem ich bestehen kann.
Und doch weiß ich: Lebenslügen bergen in sich eine ungeheure, zerstörende Kraft.

Petrus bleibt nicht verschont. Der Hahnenschrei gellt in seinen Ohren und hält ihm den Spiegel vor: Ein Verräter bist du!
Da zerbricht das Bild von sich selbst. In Scherben liegt vor ihm, was er sein wollte. Ein starker, verlässlicher Freund. Petrus fängt an zu weinen.

Und doch ahnt er vielleicht, dass der Hahnenschrei auch eine Wende ankündigt. Denn nun bricht der Tag an, der Dunkel und Lüge vertreiben wird und das Morgengrauen beendet mit seinem Licht.

(Abbildungen des Kirchenfensters sind auf der Homepage der Evangelischen Kirche in Baden zu finden: https://www.ekiba.de/html/aktuell/aktuell_u.html?&m=31&artikel=7182&cataktuell=407)

Ohne Radiergummi

Fürs Leben gibt es
keinen Radiergummi:

Keinen Tag
kann ich auswischen,
um ihn noch einmal
anders zu schreiben.

Und doch schlägt Gott
immer wieder
eine neue Seite
für mich auf.

Und wandelt selbst das,
was ich wegradieren möchte,
liebevoll um in Segen.

Bekenntnis aus dem All

Überwältigend schön sieht sie aus, diese blaugrüne Murmel, die durchs Schwarz schwebt. Alexander Gerst hat sie von außen angeschaut, in 400 Kilometern Höhe ist er in einer Raumkapsel um die Erde gekreist, fast ein Jahr lang war er dort oben. Und dennoch kann er sich nicht sattsehen am Anblick des blauen Planeten.
Kurz bevor er zurückkehrt, sendet er eine Botschaft an seine Enkelkinder, die noch gar nicht geboren sind. Er weiß nicht einmal, ob sie einander überhaupt kennenlernen werden.

Und: Er bittet um Entschuldigung.
Denn er gehört zu jener Generation, die die Erde ohne Rücksicht auf ihre Nachkommen geplündert und geschunden hat.

Auch ich gehöre dieser Generation an. Nein, ich habe nicht persönlich Regenwälder gerodet und Bodenschätze ausgebeutet. Aber ich habe davon profitiert, dass andere es getan haben.
In unserem Haus gibt es viel zu viel Plastik, ja, überhaupt wäre da manches, auf das ich gut hätte verzichten können.
Auch ich fahre Wege mit dem Auto, die zu Fuß oder mit dem Fahrrad möglich wären, und bin schon einige Male in den Urlaub geflogen.

Ein Blick von außen hilft immer, sagt Alexander Gerst. Diesen Blick wagt er im doppelten Sinne. Er schaut aus der Raumstation auf die Erde. Er sieht, wie klein sie ist in den Weiten des Alls. Und so verletzlich.
Und er schaut aus einer vorweggenommenen Zukunft mit den Augen einer noch nicht geborenen Generation ins Heute. Und sieht wie in einem Spiegel sich selbst an und zugleich auch uns.

Die nach uns Kommenden werden unsere Fehler ausbaden und mit ihnen leben müssen. Sie werden manches wiedergutmachen müssen, was wir nicht mehr reparieren können.

Und dennoch: Anfangen kann jede und jeder von uns. Mit der Einsicht beginnt schon der erste Schritt. Ich bin verantwortlich für die Zukunft derer, die nach mir kommen. Da zählt auch die kleine Geste, die mir so unbedeutend vorkommt.

Schon jetzt haben gerade jüngere Menschen das verstanden:
Am 20. August 2018 beginnt die 15-jährige Schwedin Greta Thunberg einen Schulstreik. Mit einem selbstgemalten Plakat setzt sie sich vor das Reichstagsgebäude in Stockholm, um für ein besseres Klima zu demonstrieren. Sie löst eine Welle aus, die um die Welt geht: An den »Fridays for Future« gehen Schüler*innen in Paris und Berlin, in Wellington und Washington am Freitag auf die Straße statt zum Unterricht.
Greta selbst liest auf Konferenzen Politiker*innen die Leviten, damit sie endlich unseren Planeten schützen.

Die blaugrüne Murmel, die durchs schwarze All zu schweben scheint: Im Jahr 2018 war von dort oben zu sehen, wie ihre Farben verblassten, zum Beispiel in Europa, wo das Gras verdorrte, weil der Sommer viel zu heiß und zu trocken war.

Was kann ich tun, um das Klima zu schützen, damit das Blau und das Grün unserer Erde weiterhin leuchten und unsere Kinder und Enkelkinder auf ihr leben können?

Vielleicht schaue ich vor der Shoppingtour mal in Schubladen und Kleiderschrank und frage mich, was ich wirklich brauche. Und esse viel öfter einen Salat statt des Steaks.
Wenn ich Urlaub plane, könnte ich – statt den Flug zu buchen – nach Zielen in meiner Nähe schauen.
Mit der Einsicht fängt es an. Ich kann etwas tun für diesen Planeten, der mich trägt, und für die Zukunft derer, die nach mir geboren werden.
Jede Veränderung zählt. Ich kann an jedem Tag und in jedem Alter damit beginnen.

Anders gesagt: Buße

Buße ermöglicht mir einen ehrlichen Blick auf mich selbst. Nicht aufrechterhalten müssen, was Lüge ist, um das Bild von mir selbst zu retten. Aussteigen dürfen aus festgefügten Rollen und mich neu orientieren.
Buße ist eine Einladung, mich im Spiegel Gottes neu zu entdecken.
Was wird sich verändern, wenn ich eintrete in den weiten Raum seiner Liebe und mich ansehe mit seinen Augen?
Ich gehe aufgerichtet weiter. Und eine neue Haltung begründet manchmal eine neue Welt.

Umformuliert

Wir haben es nicht gewusst.
Wir hätten es wissen können.

Ein paar Klapse haben keinem Kind geschadet.
Ich wusste mir nicht mehr zu helfen.

Wir wollten doch nur dein Bestes.
Wir haben nicht gesehen, was du brauchst.

Das lässt sich doch sowieso nicht ändern.
Ich bin zu verzagt für den ersten Schritt.

Mir kann niemand helfen!
Ich habe Angst vor Veränderung.

Das glaube ich nicht!
Du sagst die Wahrheit, ich vertraue dir.

Schuldig geblieben?

Die Mutter ist müder geworden. Ihre Beine funktionieren noch, aber ihr Gedächtnis will nicht mehr so recht.

Eines Tages, als ihr Sohn sie besucht, drückt sie ihm einen Geldschein in die Hand. 50 Euro. Erstaunt schaut der Sohn sie an. »Mama, du schuldest mir nichts.«
»Für alles, was ich an dir versäumt habe«, sagt die Mutter.
Sie könnte wohl nicht mehr sagen, was genau sie meint. Ihr Gedächtnis verliert sich vom Heute her. In ihrer Kindheit, da finden sich die Erinnerungen noch zurecht. Alles, was später war, ist schon verschwunden.

In ihrem Sohn aber tauchen die Bilder nun wieder auf.
Ja, denkt er, es gab Momente, da fühlte ich mich allein. Da hätte ich dich gebraucht. Und du warst nicht da.
Es gab Augenblicke, da hätte ich mir ein »Du kannst das« gewünscht. Ein paar lobende Worte, eine Ermutigung. Gesehen werden mit dem, was ich kann.
Und der alte Satz, »Halte dich zurück!«, er sitzt immer noch in mir.

Einen Moment lang spürt er, wie der Schmerz an ihm zieht.
Dann sieht er in das alte Gesicht seiner Mutter.

Da war auch so viel anderes, denkt er.
Wie es sich anfühlt, getröstet zu werden, das weiß ich von ihr und kann es noch immer in mir spüren: Wärme, die sich um mich legt, bis die Tränen versiegen.
Kämpfe hat sie für mich gekämpft, Wege hat sie ermöglicht und hat mir nicht immer, aber oft genug den Rücken gestärkt.

»Mama«, sagt er, »wenn man aufrechnen wollte, dann würdest du doch sehr viel Geld von mir bekommen. Für all das, was du für mich getan hast«.

Beide lachen.

Dann drückt er seiner Mutter die Hand.

Gebet: Heilsam

Gott, du weißt,
oft bin ich ziemlich gut darin,
die Fehler der anderen zu erkennen.

Meine eigenen aber
verstecken sich
hinter blinden Flecken.

Fast perfekt kann ich
die Schuld der andern aufdecken.

Das Geheimnis aber
um die eigene zu lüften,
vermag ich nicht.

Lehre mich,
dass ich nicht daran zerbrechen werde,
unvollkommen zu sein.

Öffne mir die Augen,
und gib mir den Mut hinzuschauen,
auch, wenn es wehtut.

Richte mich auf,
damit ich mich entwickeln kann,
auf heilsame Weise.

Segenswunsch: Versöhnlich

Stärke wünsche ich dir,
das ganze Bild anzusehen,
das dich zeigt,
so, wie du bist.

Momente wünsche ich dir,
in denen du
nichts mehr
verleugnen musst.

Damit du sagen kannst:
Auch das bin ich.
Schwächen und Fehler,
sie gehören zu mir.

Ich wünsche dir,
dass du spürst,
wie versöhnlich du wirst,
wenn du dich versöhnst
mit dir selbst.

Erstarrung und Zweifel

Die Farben des Schmerzes

Wer durch das Hauptschiff der Klosterkirche Drübeck auf den Altar zugeht, nimmt sie nicht wahr. Sie scheint sich mit ihrem Schmerz in einer Nische verkrochen zu haben, abseits des Geschehens.

Still, starr und weiß sitzt sie da. Wie eingefroren. Und hält ihr totes Kind auf dem Schoß. Nicht den erwachsenen Jesus. Sondern den Säugling, der er war.

Eine Weile stehe ich vor ihr. Maria.

Ich hatte mir den Schmerz immer schwarz vorgestellt. Erbarmungslos dunkelt er die Tage ab. Und lässt zuweilen aus abgründigen Tiefen Tränen quellen.

Oder rot. Wie Blut, das aus einer Wunde fließt. Eine Farbe, fast schreiend. Ein Appell: Hilf mir doch!

Hier aber scheint nichts mehr zu fließen. Der weiße Schmerz: Er scheint ein sehr stiller zu sein. Abseits, in den Nischen des Lebens findet er statt. Kaum wahrnehmbar für den, der sich nicht auf die Suche macht.

Er ähnelt dem Schnee, der alles unter sich begräbt. Dem Eis gleicht er, das erstarren lässt, was uns lebendig macht.

Dann verstummt die Vergangenheit, sie erzählt ihre Geschichten nicht mehr und sagt mir nicht mehr, wer ich bin. Und auch die Zukunft bleibt still, sie zeigt mir ihre Visionen nicht mehr, die mir vor Augen führen, wer ich sein könnte.

Maria.

Wie vielen Menschen mag es so gehen wie ihr? Ihre Trauer ist leise und findet in einer Nische statt, kaum auffindbar. Eingehüllt sind sie in einen schneeweißen Schmerz, der sie erstarren lässt.

Findet einer sie auf?
Wird ein Licht sein, das sie wärmen und erlösen kann?
Wird sich in ihnen einmal das Leben neu regen?

Einkehr

Manchmal scheint die Zeit dir zu schnell.
Sie rast dahin und lässt dich zurück.
Dann atme aus und bleib stehen.
Öffne die Tür nach innen und kehr bei dir ein.

Erinnere dich, einmal warst du ein Kind.
Hüll dich ein in den Trost dieser Zeit.
Überlasse dich wieder den Händen, die halten,
und lehne dich an eine weiche Schulter.

Übe dich in Gelassenheit.
Die Welt kommt eine Weile ohne dich aus.
Bis die Kraft zurückkehrt zu dir
und du dich wieder aufmachen kannst
mit neuem Vertrauen ins Leben.

Gebet: Bewahrt bleiben

Nicht darum, verschont zu bleiben,
bitte ich dich.
Aber darum, bewahrt zu bleiben.

Um Stecken und Stab,
bitte ich dich,
die mich trösten.

Und um das frische Wasser,
nach dem meine Seele lechzt.

Nicht darum, immer glücklich zu sein,
bitte ich dich.
Aber darum, nicht bitter zu werden.

Um den Tisch
bitte ich dich,
im Angesicht dessen,
das mir feindselig erscheint.

Und um ein Wort,
das meines Fußes Leuchte sei.

Neue Namen

Für die im Dunkeln wird Gott oft namenlos. Sein »Ich bin da« geht in der Finsternis verloren.
Das Leben aber läuft weiter, als ob nichts gewesen sei. Die Erde dreht sich in den Weiten des Alls. Die Zeiger der Uhren gehen in ihrem immer gleichen Takt voran. Und zwingen mich, Schritt zu halten.
Einem Menschen, der sich von Gott verlassen fühlt, nützen die glaubensstarken Worte der anderen nichts. Gott selbst müsste kommen, bleiben und beistehen. Müsste seinem Namen treu bleiben und sich seiner würdig erweisen.
Denn ich werde nur den Namen ins Dunkel rufen, der durch die Erfahrung gedeckt ist, dass ich ihm vertrauen kann.
So wie ein Kind, das nach der Mutter ruft. Es kann glauben, dass die Mutter da ist, auch wenn sie den Raum verlässt. Denn sie ist ja wiedergekommen, ist bei ihm gewesen, hat es getröstet und in den Schlaf gewiegt. Jedes Mal. Und hat sich so als verlässlich erwiesen.

Wenn Gott in der Finsternis unkenntlich wird, dann tragen die Namen, die ich ihm gegeben habe, nicht mehr.
Ich nannte ihn »Allmächtiger« und kann nicht mehr erkennen, dass er seine Macht erweist.
Ich nannte ihn »Barmherziger« und kann ihn nicht in Verbindung bringen mit dem, was mir oder auch anderen widerfährt.

In solchen Zeiten müssen Menschen stellvertretend für Gott in die Bresche springen. Die Nachbarin, die am Gartenzaun fragt, wie es mir geht. Der Sozialarbeiter, der aus einer verfahrenen Lage einen Weg aufzeigt.
Gott kann auch Musik sein, die löst, was in mir hart geworden ist. Ein Farbfleck im Schnee, der sich als Krokus entpuppt. Ein Gedicht, durch das ich mich verstanden fühle.

Erst im Nachhinein erkenne ich manchmal, dass Gott in der finsteren Zeit einen irdischen Namen trug. Er verbarg sich im lösenden Wort. Oder ging neben mir auf dem Weg durch den kahlen Wald, auf dem ich mir so verloren vorkam.

So wachsen Gott neue Namen zu, die mit Erfahrung gesättigt sind. Namen, denen ich Vertrauen schenke.
In der Dunkelheit sind sie neu geboren. So wie das Kind in der Nacht, die wir »Heilig« nennen.

Auf schmalem Grat

Ich stehe
auf schmalem Grat,

gespannt
zwischen Himmel und Erde.

Aufrecht hält mich
ein Fragezeichen.

Der zweifelnde Zwilling

(ZU JOHANNES 20,24 FF.)

Wem würden Sie gestatten, den Finger in Ihre Wunden zu legen? Jesus gestattet es Thomas, dem Zweifler, ja, er fordert ihn sogar dazu auf.

Da sind schon acht Tage vergangen, nachdem die anderen Jünger aufgeregt und begeistert vor Thomas standen: Jesus lebt! Wir haben ihn gesehen.
Das glaube ich nicht, sagt Thomas.
Nein, ich glaube es nicht! Erst wenn ich es sehe, wenn ich den Finger in die Nägelmale und meine Hand in seine verwundete Seite lege, dann, dann glaube ich es. Vielleicht.

Thomas, der Zwilling wird er auch genannt. Ob er tatsächlich einen Zwillingbruder oder eine Zwillingsschwester hatte, ist nicht überliefert. Aber in ihm, da wohnen zwei Seelen. Da gesellt sich zu dem Thomas, der glauben möchte, sofort der andere, der Zweifler. Wenn andere begeistert sind, wägt er ab. Wo andere die Antworten zu kennen meinen, beginnt er, seine Fragen zu stellen.

Acht Tage lang steht Thomas allein da. Er würde es gerne glauben, würde gern wieder zu ihnen gehören, die so gewiss und begeistert erzählen von dem, was ihm völlig unmöglich erscheint. Aber er kann es nicht.

Und dann steht Jesus vor ihm. »Reiche deinen Finger her und sieh meine Hände, und reiche deine Hand her und lege sie in meine Seite« (Vers 27). Jesus: Er ist bereit, sich von Thomas berühren zu lassen, selbst da, wo es schmerzen, ja, die Wunde sogar aufgerissen werden könnte.

Ob Thomas den Finger tatsächlich in die Wunde legt, bleibt offen. Vielleicht genügt es, Jesus zu sehen. Oder, mehr noch, von ihm gesehen zu werden. Die Zweifel bekommen einen Raum, sein Anliegen wird gehört. Jesus erlaubt ihm, den Finger in die Wunde zu legen.

Und wenn Thomas es tatsächlich getan hätte? Ich stelle mir vor, wie er die Hand ausstreckt und vorsichtig, zuerst mit nur einem Finger ganz behutsam die verwundete Haut berührt. So, dass es wohltut. Nur dem, den er liebt, keinen neuen Schmerz zuzufügen.

Denn er, der Zweifler, kann sich besonders gut in sein Gegenüber einfühlen. Er ist ja gewohnt, alle Seiten zu beleuchten, anzuzweifeln, was so sicher erscheint, und Überzeugungen infrage zu stellen. Er ist imstande, die Argumente anderer nicht nur zu hören, sondern auch zu erkennen, was dahinter steckt.
Er scheut den Schmerz des Zweifelns nicht, nicht die damit verbundene Einsamkeit, nicht die Anfeindungen des manchmal allzu Gewissen. Und er weiß um den Schmerz, den er dem anderen zufügen könnte. Das lässt ihn vorsichtig werden.

Und Jesus? Er ist angerührt von Thomas, diesem zweifelnden, hartnäckigen und doch behutsamen Menschen. Die beiden begegnen einander auf eine Weise, die sie miteinander verbinden wird, noch lange über diesen Augenblick hinaus.

Variationen über das Beten

Auf dem Berg
Wieder einmal beten
gegen den Widerspruch
in sich selbst.
Grüße schreiben
ins Blaue.

Ungewiss, allein
auf Gutglauben,
dass einer sie einfängt,
wahrnimmt, versteht.

Am Strand
Wieder einmal beten
gegen den Widerspruch
in sich selbst.
Eine Flaschenpost werfen
ins Meer Unendlichkeit.

Ungewiss, allein
auf Gutglauben,
dass einer sie findet,
öffnet, liest.

Im Haus
Wieder einmal beten
gegen den Widerspruch
in sich selbst.
Fragen und Zweifel
an Korkwände pinnen.

Ungewiss, allein
auf Gutglauben,
dass einer sie erinnert,
würdigt, bewahrt.

Im Garten
Wieder einmal beten
gegen den Widerspruch
in sich selbst.
Sehnsuchtssaat
in die Erde legen.

Ungewiss, allein
auf Gutglauben,
dass einer sie nährt,
schützt, segnet.

In der Kirche

Wieder einmal beten
gegen den Widerspruch
in sich selbst.
Wortlose Briefe
an den Altar legen.

Ungewiss, allein
auf Gutglauben,
dass einer sie sammelt,
hütet, belebt.

Segenswunsch: Zweifel

Zweifel nagen
an den Sätzen,
die so lange
richtig zu sein schienen.

Zweifel
entfernen das Ausrufezeichen
hinter der Behauptung
und versehen,
was wahr erschien,
mit einem Fragezeichen.

Zweifel radieren den Punkt
hinter dem Aussagesatz fort,
und ersetzen ihn
durch einen Doppelpunkt.
Da könnte noch etwas kommen.

Ich wünsche dir,
dass du die Rechtschreibung
deines Lebens
hinterfragen kannst,
um sie zu reformieren.

Ich wünsche dir die Erfahrung,
dass Zweifel die Tür
ins Freie öffnen
zu einem neuen Weg
deines Lebens.

Auferstehen und Aufstehen

Maria

Maria kam morgens zum Grab, in ihrer Hand ein kleiner Blumenstrauß: drei Osterglocken aus seinem Garten, die ersten in diesem Frühling.

Fast ein Jahr war sie nun ohne ihn. Am Anfang hatte sie nicht gewusst, wie sie leben sollte. Es war, als riefe das Grab ihren Namen: »Maria, komm, komm auch zu mir.« Der Schmerz machte sich über sie her, riss Löcher in ihren Alltag, brannte und höhlte sie aus.
Überall lauerte er wie ein unersättliches Tier: wenn sie den Tisch decken wollte und ihr einfiel, er kommt nicht mehr. Wenn die Worte in ihr kein Gegenüber fanden, nur die Wände sie anstarrten, kalt und leer. Auf dem Friedhof aber lockte das Grab. »Maria«, rief es. »Komm doch, ich hole dich zu ihm. Ihr werdet eins sein. Und dein Schmerz wird nicht mehr sein. Komm!«
Es folgte ein endloser Sommer, wochenlang lag ein Azorenhoch über Europa. Sie aber fror. Diese Kälte in ihr: ein Klotz, der nicht taute. Sonnenstrahlen erreichten sie nicht. Es war, als scheine das Licht nur für die anderen. Sie aber schlang die Trauer um sich wie einen Mantel.
Immer noch war sie täglich an seinem Grab: Soviel konnte man gar nicht gießen. Die Blumen dorrten wie das, was darunter lag, sein vergangenes Leben.

Ihr eigenes kam ihr so armselig vor. Ihn nicht halten zu können, als er krank war. Zusehen zu müssen, wie er dahinschwand. Seinen Schmerz ertragen, seine Angst aushalten. Sie hatte verhandelt mit dem Unsichtbaren, hatte Versprechen gegeben, hatte gehofft und war verzweifelt daran. Am Ende war sie erschöpft bis auf den Grund.
Dann ging der Herbst über das Land. Jedes fallende Blatt erzählte von Einsamkeit. Manchmal schob sie das welke Laub vor sich her, manchmal trat sie es, wütend, wirbelte es in die Luft. »Wie konntest du gehen?«, schrie sie ihn an. »Ich kann es nicht, ich schaffe es nicht ohne dich.« Dann erkannte sie sich selbst kaum noch, wusste nicht, wer sie war ohne ihn.
In der Stadt meinte sie, ihn zu sehen, seinen Rücken, den wiegenden Gang. Doch wenn er sich umdrehte, blickte sie in ein fremdes Gesicht. Als verhöhne sie einer und triebe ein böses Spiel mit ihr.
Der Winter war fast eine Wohltat gewesen. Klar und kalt hatte er ihr entgegengehalten: Er ist nicht mehr, er ist tot. Nun taute endlich der Klotz in ihr, sie weinte oft, aber manchmal lachte sie auch. Sie blickte den Tatsachen ins Gesicht.
An manchen Tagen schwieg das Grab unter dem Schnee. Stille, kein Rufen nach ihr. »Wo bist du?«, fragte sie ihn. »Warum bist du gegangen? Ich bin so allein!« Dann wieder spürte sie seine Worte in sich. Es war, als lege er seine Arme um sie. Und sie nahm sich vor, Christrosen zu pflanzen.
Im Februar streckten sich endlich die Schneeglöckchen dem Licht entgegen. Wochen später die Osterglocken, die er gepflanzt hatte. Zwiebel für Zwiebel hatte er sorgsam in die Erde gelegt. Nun reckten sich die Stängel ins Licht und begannen zu blühen. Drei der frischen Blüten hatte sie abgepflückt, heute Morgen. Die wollte sie ihm bringen, ihn beschenken damit. Sie gewann langsam zurück, was er für sie war: sein Lachen. Seine stärkenden Worte. Seine Stimme klang wieder in ihr.
Auf dem Friedhof, schräg über dem Grab die Morgensonne, sie hüllte den Morgen ins Licht wie ein glänzendes Kleid. »Was suchst du den Lebendigen bei den Toten?«, sagte eine Stimme, »Er ist nicht hier.« Maria blinzelte. Niemand zu sehen. Doch die Stimme blieb, hallte nach: »Er ist nicht hier.«

Maria blickte auf das Grab, das ihr jetzt fremd vorkam, sie stellte die Osterglocken in eine Vase vor den Stein. Dann stand sie auf und drehte sich um, um zu gehen.

(Tina Willms, Erdennah – Himmelweit. Ein Jahresbegleiter zu den Wochensprüchen. © 2014 Neukirchener Verlagsgesellschaft mbH, Neukirchen-Vluyn, 4. Auflage 2019, S. 60 f.)

Unvergessen

(ZUM DREISSIGSTEN PSALM)

Ich trug ein Eiskristallgewand,
wollte nicht mehr lieben,
was verloren gehen kann.

Trauer hüllte ich um mich
wie eine Decke
und barg mich
bei meinen Toten.

Und erstarrte
wie sie.

So wollte ich
der Zeit entrinnen,
die mich von ihnen entfernte,
und wollte ihnen nahe sein
in meinem Schmerz.

Da ließ mich
das Leben
in Ruhe.

Und vergaß mich
doch nicht.

Es kam ein Morgen,
da weckte es mir das Ohr
durch den Gesang
eines Zeisigs.

Osterengel

Er weist
mit einem Wort
oder einer Geste
ins Weite.

Dann wendet sich
mein Blick
dem Horizont zu
und ich spüre:

Nichts muss
für immer
so bleiben
wie es ist.

Auferstehung – irdisch

Brinkebüll ist tief verschneit. Eines Morgens holt Heini Wischer ein Pferd aus dem Stall und spannt es vor die Kutsche mit den Kufen. Dann geht er ins Haus. Als er wieder herauskommt, trägt er seine altgewordene Mutter auf den Armen. Behutsam setzt er sie in die Kutsche, legt ihr eine Decke über und fährt mit ihr einmal durch das Dorf.
Und Käthe Wischer wird mehr und mehr wieder zu dem jungen Mädchen, das sie am Tag ihrer Konfirmation war. Zum hundertsten Mal erzählt sie die alte Geschichte.
Schnee lag damals, mit der Schlittenkutsche sollte es in die Kirche gehen. Doch in einer Kurve rutschte der Schlitten in den Graben. Alle lagen im Schnee und Käthes dünnes Kleid war pitschenass. Aber es half ja nichts, sie sollte doch eingesegnet werden, und so fuhr man trotzdem zur Kirche, Käthe wurde im nassen Kleid konfirmiert.

Einen Tag später war sie todkrank.
Der Pastor wurde gerufen, diesmal kam er ins Haus. Alle standen um das Bett herum und weinten. Als stünde der Tod schon im Zimmer, um sie mit sich zu nehmen. Am Bett betete der Pastor das Vaterunser, die Familie sagte Käthes Konfirmationsspruch auf. Gleich würden sie das Mädchen wohl gehen lassen müssen.
Da öffnete Käthe die Augen. Zwei Tage später stand sie auf. Vollkommen munter und gesund.

Eine Auferstehung, nennt Dörte Hansen das, was sie in ihrem Buch »Mittagsstunde« von Käthe Wischer erzählt. Ein Wunder, von dem die alte Dame wieder und wieder erzählt. Sie, schon totgeglaubt, kehrt noch einmal ins Leben zurück. In ein langes Leben, das doch nicht ewig währen wird.
Deutlich spürt sie es ja schon, wie sie schwächer wird und die eigenen Beine sie nicht mehr tragen wollen. Nein, noch einmal wird sie dem

Tod nicht von der Schippe springen, dann heißt es, ihm in die Augen zu sehen. Und dann?

Vielleicht sind es solche Überlebensmomente, wie Käte Wischer sie als junges Mädchen erlebt hat: Wieder und wieder erzählt, nähren sie die Hoffnung, dass es ein Aufstehen nicht nur ins irdische Leben gibt. Sondern auch über den Tod hinaus.

(nach Dörte Hansen, Mittagsstunde, Penguin 2018, S. 111 ff.)

Einladung

Gestern noch
schienen doch
alle Wege verschlossen,
die Nacht zog
den Vorhang zu.
Ende der Vorstellung.

Heute aber stehen die Tore
sperrangelweit offen:
Hereinspaziert,
hier wartet das Leben!

Keiner weiß,
wie es geschah.

Gebet: Wendepunkte

Danke
für das Licht, das am Morgen
den schwarzen Balken der Nacht
hinter den Horizont schiebt.

Danke
für den rauen Ruf einer Elster,
der mich aus den Gedanken reißt
und meinen Blick leitet
in Richtung Himmel.

Danke
für das Klingeln an der Tür,
das eine Begegnung einläutet,
die mir neuen Mut verleiht.

Danke
für die kleinen Wendepunkte
mitten im Alltag,
die meine Hoffnung nähren
auf Licht und Farben und Leben.

Segenswunsch: Wendung

Ich wünsche dir,
dass du dich versöhnen kannst,
mit dem, was das Leben
dir zugemutet hat.

Es kommt ein Tag,
an dem du die Trauer
freigeben kannst.

Du legst sie ab wie ein
zu eng gewordenes Kleid.

Und wendest dich neu
dem Leben zu,
das dir liebevoll
seine Farben
um die Schultern legt.

Wolkenbild

Federwolken
zeichnen am Himmel
schon seine Flügel.

Der Engel:
Er naht.

Freude und Fülle

Morgenmahl

(ZU JOHANNES 21,1-14)

Petrus hatte es nicht mehr ausgehalten. »Ich gehe fischen«, hatte er gesagt. Endlich dem Alltag wieder eine Tür aufmachen, endlich einen Weg aus der Trauer finden. Und die anderen folgten ihm.

Und nun? Sie haben die ganze Nacht gefischt, sind hierhin und dorthin gerudert, um ihr Netz auszuwerfen. Vergeblich. Wieder und wieder blieben die Maschen leer.

Nun sind sie erschöpft. Nur noch ans Ufer wollen sie, nur noch nach Hause.

Am Horizont wird es hell, der Tag bringt auf schemenhafte Weise die Welt zurück. Wie ein Schattenriss zeichnet sich am Ufer eine Gestalt ab. »Habt ihr nichts zu essen?«, fragt sie. »Nein«, antworten die Männer. »Nichts gefangen, die ganze Nacht nicht«.

»Probiert es noch einmal«, sagt der Fremde. »Werft das Netz zur Rechten aus.«

Und sie versuchen es. Einmal noch. Das Netz wird schwer und schwerer, sodass sie es kaum noch ziehen können. 153 Fische. Einer für jedes Volk, das man damals kannte. Die ganze Fülle des Lebens umfasst nun das, was ihnen ins Netz gegangen ist.

Da erkennen sie ihn. Es ist Jesus, der als Auferstandener dort am Ufer

steht. Petrus springt ins Wasser uns schwimmt auf ihn zu. Die anderen bringen das Boot ans Ufer.
Da steht er im Morgenlicht und erwartet sie. Ein Kohlenfeuer hat er entzündet, es leuchtet. Brot und Fisch liegen darauf.
»Bringt auch ihr eure Fische«, sagt er.
Und sie setzten sich ans Lagerfeuer, eingeladen von ihm, um sich von ihm bedienen zu lassen.

Eingeladen

Eingeladen zum Morgenmahl.
Das Licht kehrt zurück und vertreibt das Grauen.
Einer hat uns Mut gemacht in der Nacht.
Einer hat die Leere in uns gefüllt.
Nun erwartet er uns am Kohlenfeuer.
In warmen Farben schimmert die Glut.
Alle bringen mit, was ihnen ins Netz gegangen ist.
Der Tisch ist gedeckt mit der Fülle des Lebens.
Gefährt*innen sind um uns herum.
Das Feuer flackert, duftet und wärmt.
Seine Liebe umfängt uns.
Ausruhen dürfen wir uns.
Dürfen uns bedienen lassen von ihm.
Leises Murmeln durchzieht die Luft.
Und dann beginnt einer zu lachen und steckt uns an.
Neues Leben scheint möglich.
Und der Tag liegt vor uns wie eine Verheißung.

Anregung: Ergänzend zum Abendmahl gelegentlich ein Morgenmahl feiern, das im Zeichen des neuen Lebens und neuen Anfangs steht.

Gebet: Kaum zu glauben

Für diese Momente, Gott,
danke ich dir,
in denen mir unversehens
das Leben entgegenkommt.

Für diese Augenblicke, Gott,
danke ich dir,
in denen ich unter den Füßen
Vertrauen spüre.

Für diese Wimpernschläge, Gott,
danke ich dir,
in denen mir unverhofft
Hoffnung zuwächst.

Und ich,
obwohl ich es
kaum noch glauben konnte,
glauben kann.

Die Engelbank

Nah bei der Drübecker Klosterkirche am Harzrand lädt ein Engel ein, sich zu setzen. Eine Bank aus hellem Holz steht dort, die statt einer Rückenlehne einen stilisierten Körper und geschwungene Flügel hat.
»Komm, mach mal Pause«, scheint der Engel zu sagen. »Ruh dich ein Weilchen aus!«
Und dem, der über die Holzfläche streicht und dann Platz nimmt, sagt er ins Ohr:
»Lehn dich ruhig an mich. Ich halte dich.«
Und dann, nach einer Weile, raunt er leise: »Sieh dich um, leg den Kopf in den Nacken und blick in den Himmel über dir. Schau, die Wolken, wie sie vorüberziehen. Manchmal erzählen sie von Gottes Güte.«
Und wer dort sitzt, lässt auch die Zeit für eine Weile vorbeiziehen und lässt sich gefallen, was eben vom Himmel fällt.
Derweilen nimmt der Engel wahr, was im Nacken sitzt. Und stärkt fast unmerklich den Rücken.
Wenn du dann aufstehst, spürst du, dass deine Haltung anders ist. Die Schultern sind locker, der Rücken richtet sich auf. Und der Tag liegt unter dem größer gewordenen Himmel vor dir wie eine Einladung.

Im Schatten der Mauer

Im Schatten der Mauer
sitz ich. Einer wirft
eine Art Flecken
in mich.

Sie breiten sich aus,
füllen mich, als sei ich ihr Haus.

Sie sind aus Stille gemacht.

Schon übertönen sie die Straßenbahn,
den Glockenschlag
und das Kichern der Mädchen,
die auf der Treppe hüpfen.

Ich drehe mich um.
Ich glaube, hinter der Mauer
wohnt Gott.

Spaziergang am Abend

Weiche, schon warme Luft und in den Gärten Blütenflecken. In der Hecke schwatzen die Spatzen. Ein Hauch Fliederduft zieht vorbei. Und über allem ein Himmel, der größer erscheint als an anderen Tagen.
Es mag vermessen sein und doch ist es auch schön, gelegentlich einige Momente lang zu denken, dass das heute für mich geschieht. Ein Geschenk des Himmels, von Gott persönlich arrangiert, um mich zu erfreuen und aufzurichten.

Ich weiß, dass vieles dagegen spricht, so von Gott zu reden. Ja, manches spricht sogar dagegen, überhaupt an ihn zu glauben. Oft genug zweifle ich selber an ihm.

Doch an manchen Abenden, da finde ich es fast unmöglich, nicht an Gott zu glauben. Da traue ich ihm zu, mich im Blick zu haben. Und ich bin so vermessen, zu denken, er entwerfe einen wunderbaren Augenblick extra für mich.

Und: Ja, ich würde diese Weise, so denken zu dürfen, vermissen, wenn ich nicht glauben könnte.
Wem sollte ich dankbar sein für die Blütenflecken im Garten und für die schwatzenden Spatzen?
Wofür? Und warum?

Gäbe es eigentlich Wunder, wenn es keinen Gott gibt? Oder müssten wir die Worte »wunderbar« und »wundervoll« aus dem Wortschatz entfernen?

Könnte ich noch erzählen von der Engelsgeduld meines Klavierlehrers? Welchen Sinn hätte der Begriff Engel, wenn es zwischen Himmel und Erde nichts gäbe über das hinaus, was offensichtlich ist? Und was sagte man stattdessen?

Ich atme durch und fange einen Hauch Fliederduft ein.
Die Sonne schaut durch die Wolken wie eine große orangefarbene Pupille. Ihr Licht fällt in meine Gedanken. Einen Moment lang bin ich versucht, ihr zuzuwinken.

Raisonieren und resonieren

(ZUM DREIUNDDREISSIGSTEN PSALM)

Dass ein gewaltiger Plan
hinter dem Horizont sei
und eine gigantische Vorsehung
alle Wege bestimmt.

Dass einer jeden Gedanken kennt,
lose Fäden zusammenführt
und die Geschicke lenkt
auf den Himmel zu.

Ich verseh jeden dieser Gedanken
mit einem Fragezeichen.
Und zweifle.
Zweifle an einem Sinn.

Staunen aber lässt mich das Firmament.
Sprachlos steh ich vor Meeresweiten.
Unter der summenden Linde,
und den heranrauschenden Regenwolken.

Steh verwundert vor
Elchen, Delfinen und Honigbienen.
Klatschmohn, Kornblume, Margerite,
und vor jedem Unikat Mensch.

Ich verseh alles und jedes
mit einem Ausrufezeichen!
Oooooh!
Und zweifle.
Zweifle am Zufall.

Und dann höre ich auf zu raisonieren.
Und resoniere stattdessen.
Zupfe und schlage die Saiten in mir
und summe und singe ein Lied.

Segenswunsch: Licht

Ich wünsche dir,
dass Gott immer wieder
sein Licht
über dir ausgießt.

Dass er deine Seele
hell und freundlich macht,
deine Augen
zum Leuchten bringt
und seine Liebe
ausstrahlt durch dich.

Und du selbst
zum Licht wirst
für diese Welt.

Vergeben und Versöhnen

Weide meine Schafe!

(ZU JOHANNES 21,15-17
UND EINEM KIRCHENFENSTER VON OTTO DIX)

Warm spürt Petrus die Hand auf seiner eigenen. Jesus steht wieder vor ihm und richtet ihn auf. Dann die Frage, dreimal: »Hast du mich lieb?« Fragend schaut Jesus ihm ins Gesicht. (Joh. 21,15 ff.)
Und gleich stellt sich bei Petrus die Erinnerung an die anderen Ereignisse ein, nur wenige Tage zuvor:
Da hatte er Jesus ins Gesicht gesehen. »Ich will mein Leben für dich lassen« (Joh. 13,37), hatte er ihm versprochen. »Was immer auch passiert, ich bleibe bei dir«. Er hatte sich stark gefühlt. Das Bild von sich selbst war ungebrochen.

Dann war Jesus gefangen genommen worden. Auch für die Jünger wurde es nun gefährlich. »Bist du nicht einer von denen?«, hatte man ihn gefragt. Und Petrus hatte es abgestritten, wieder und wieder. Dann krähte der Hahn und erinnerte ihn an das, was Jesus ihm prophezeit hatte: »Der Hahn wird nicht krähen, bis du mich dreimal verleugnet hast« (Joh. 13,38).
Petrus war am Boden zerstört. »Wie konnte ich nur?« Zerbrochen lag sein Versprechen vor ihm. Und mit ihm das Bild von sich selbst. Ein

Scherbenhaufen. Er schämte sich, und dann kamen die Tränen. So, dass er dachte, das hört nie wieder auf. Er hatte sich davongeschlichen, um sich zu verkriechen.

Und jetzt? Wieder steht Jesus vor ihm. Auf Augenhöhe. Als der, der er war. Und zugleich als Verwandelter. »Hast du mich lieb?«

»Ja«, sagt Petrus.

Doch dieses Mal ist sein Tonfall ein anderer als noch vor wenigen Tagen. Kleinlaut. Wackelig. »Ja, du weißt, dass ich dich lieb habe.«

Fragile Worte. Und vielleicht gerade darum stabiler als die früheren, die so großspurig waren. Petrus weiß nun mehr über sich selbst als noch wenige Tage zuvor. Auch er ist – obwohl er derselbe ist – ein anderer geworden.

Und Jesus? Er klopft nicht für immer fest, was gewesen ist: »Weil du einmal versagt hast, kann man dir nicht mehr vertrauen, … wirst du es wieder tun, … ist dein Leben verpfuscht.«

Nein, er richtet vielmehr den Blick nach vorne: Was war, kann sich verwandeln. Es kann zum Boden werden, auf dem Neues wächst.

Aufgerichtet worden zu sein, wird Petrus barmherzig machen. Er, der in seiner Stärke manchmal rabiat und rücksichtslos war, kann nun eine andere, leisere Kraft entwickeln, die um das ganze Bild von sich selbst weiß. Jesus vertraut ihm und traut ihm etwas zu. Er öffnet über den Scherben den Horizont und macht Petrus, den Gescheiterten, zu einer Leitfigur: »Weide meine Schafe!«

(Abbildungen des Kirchenfensters sind auf der Homepage der Evangelischen Kirche in Baden zu finden: https://www.ekiba.de/html/aktuell/aktuell_u.html?&m=31&artikel=7182&cataktuell=407)

Im Spiegel

Im Spiegel deines
liebenden Blicks
kann ich mich anschauen,
so wie ich bin.

Ich erschrecke, Gott,
vor mir selbst:

Unvollkommen bin ich,
auf mich selbst bedacht,
gleichgültig, ungerecht.

Ich halte mich dir hin,
so wie ich bin,
und sehe in deinen Augen
ein neues Bild:

So könnte es werden,
so wird es sein.

Deine Liebe
verwandelt alles.
Die Erde. Das Leben.
Den Tag. Und mich.

Gebet: Weiter Raum

Gott,
leg mir die Hand auf die Schulter
und stärke mich,
einen Schritt weiter zu gehen,
als mir möglich erscheint.

Lehre mich anzunehmen,
was nicht zu ändern ist,
und freizugeben,
was ich loslassen muss.

Schenk mir den Mut,
aus dem Bild zu treten,
das ich mir von mir selbst gemacht habe,
und aus dem Rahmen zu fallen,
der mich begrenzt.

Du stellst meine Füße auf weiten Raum.
Nimm mir die Angst vor solcher Weite.
Schenk mir Vertrauen,
dass manche Wege unter den Füßen entstehen,
wenn ich den ersten Schritt wage.

Im Niemandsland

Oktobertage am Strand. Dick eingepackt schlendert sie am Spülsaum entlang.
Hin und wieder bückt sie sich, um eine Muschel aufzuheben. Bleibt stehen, schaut den Wellen zu, ihrem Hin und Her, Vor und Zurück. Weit dahinter liegt reglos und ruhig der Horizont.

Gedanken holen sie ein. Hier kann sie sie zulassen. Die Erinnerung an ihn – und an das, was er ihr angetan hat.
All die Jahre, in denen sich Bilder vom Damals ins Heute drängten, wieder und wieder aufstiegen, sie überschwemmten!
Mit ihnen kamen die Gefühle. Die Hilflosigkeit, die Scham. Später der Zorn und die Tränen.

Manche sagten, sie solle das alles endlich hinter sich lassen. Andere hoben den Zeigefinger und drängten sie, ihm zu vergeben. Doch das konnte sie nicht. Zu sehr schmerzten die Wunden, die er hinterlassen hatte.
Eine Freundin aber war anders. Sie sagte: Lass dir die Zeit, die du brauchst.

Sie bleibt stehen, schaut den Wellen zu, wie sie kommen, brechen, sich zurückziehen, wieder und wieder.
Doch es war nicht nur der Schmerz, der immer noch brannte. Sie hatte auch Angst gehabt, dass ein Verzeihen ihm Recht geben könnte. Dass sie ihre Wut kleinreden und ihren Schmerz beiseiteschieben würde. Dass sie sich so selbst das Leid ein zweites Mal zufügen könnte.

Langsam geht sie weiter. Hier am Strand ist es, als gäbe es ein Niemandsland zwischen Gestern und Morgen. Ein breiter Streifen Zeit, in dem sie zur Ruhe kommt.

Zum ersten Mal scheint es ihr möglich, das Alte loszulassen, es hierzulassen, am Meer.

Sie denkt zurück. Holt die Momente wieder. Es ist, als entfernten sich die Gefühle von ihr. Der Abstand wird immer größer. Was gewesen ist, verliert an Macht.

Ich vergebe ihm, denkt sie. Und wundert sich, dass sie sich das alte, fast altmodische Wort zu eigen macht.
Nicht um seinetwillen, sondern um meiner selbst willen verzeihe ich ihm. Endlich frei werden, endlich loskommen von dem, was mich an diese Zeit und auch an ihn bindet.

Ob es von Dauer sein wird: Sie weiß es nicht. Die Zeit wird es zeigen. Und doch scheint ihr, als ob etwas Neues beginnen könnte in diesem Niemandsland zwischen Gestern und Morgen, zwischen Himmel und Erde, Land und Meer.

Verzeihen

Nach langer Zeit
verliert das, was war,
endlich an Gewicht.

Ich durchkreuze
den Schuldschein,
knülle ihn zusammen
und werfe ihn weg.

Und gehe weiter
mit freien Schultern
und leichteren Schritten.

Umdenken

»Als es hieß, Hitler sei auf den Stufen des Führerhauptquartiers gefallen, da brach für mich eine Welt zusammen. Ich hatte fest an ihn geglaubt. Erst als ich wieder nach Hause kam, habe ich mir geschworen: Nie wieder eine Uniform. Nicht einmal die der Heilsarmee.«
Das erzählte mir ein Nachbar vor einigen Jahren an seinem Geburtstag.

Ich rechne zurück. Als der Krieg zu Ende war, war dieser Mann gerade einmal 22 Jahre alt.
Das liegt nun Jahrzehnte zurück. Und doch spüre ich, wie nah dieser Krieg noch ist. Und wie tief die Trauer um das, was er dafür hergegeben und verloren hat.
Er erzählt vom Splitter in seinem Bein, der immer wieder schmerzt.
»Doch das ist nicht das Schlimmste«, sagt er. Schlimmer seien die Nächte, in denen er aufwache, schwitzend, ja, manchmal schreiend. Da kehrten die alten Bilder zurück.
Von den Einschlägen in unmittelbarer Nähe, vom Freund, der neben ihm gefallen ist.
»Aber nicht nur das«, sagt er mit Tränen in den Augen. »Auch die Frage nach denen, auf die ich geschossen habe.«

Eine Weile ist es ganz still im Raum. Ich weiß nicht, was ich dazu sagen soll.
Ein Urteil anmaßen mag ich mir nicht. Was für eine Wahl hatte mein Nachbar, als er mit 17 Jahren eingezogen wurde?

Er und seine Altersgenossen wurden schon als Kinder indoktriniert von der nationalsozialistischen Ideologie. Viele der Jungen wurden später zwangsrekrutiert. Durch das, was sie im Krieg erlebten, waren sie um die Unbefangenheit gebracht, die Jugendlichen eigen ist. Sie kehrten zurück mit einer Hypothek für das Leben. Als Versehrte, wenn nicht am Leib, so doch an der Seele.

Wie groß mag der Wunsch gewesen sein, sich selbst als Opfer anzusehen? Wie groß die Versuchung, gar im alten Denken stecken zu bleiben, um dem, was man erlebt hatte, so etwas wie einen »Sinn« zu verleihen?
Allzu oft blitzte das in Gesprächen mit anderen dieser Generation ja noch durch.

Mein Nachbar aber hat dazugelernt. Und er hat es geschafft, umzudenken.

Er hat die Trauer um das, was er verloren hat, getrennt von dem, was der Grund dafür war. Er hat bald und glasklar erkannt: Hitlers Regime war menschenverachtend und grausam über alle Grenzen hinaus. Der Nationalsozialismus hat nichts als Unheil gebracht. Unendliches Leid ist dadurch entstanden.
Und dann die bittere Erkenntnis: Dafür, für dieses Unheil habe ich so viel von mir hergegeben. Ja, ich habe dazu beigetragen, habe anderen unermessliches Leid zugefügt. Für einen vollkommen sinnlosen Krieg.

Und doch: Umdenken. Diesen Sinn konnte er seinem eigenen Leben trotz allem doch geben. Als er aus dem Krieg zurückkam, hat er das »Nie wieder« weitergetragen. Er hat es an die weitergegeben, die nach ihm kamen.

Das lerne ich von ihm: wachsam zu sein. Wo werden Menschen verachtet, wo setzen Ideologen sich absolut? Zu widersprechen, wenn andere abgewertet werden. Und mich einzusetzen für Versöhnung und Demokratie.

Frage

Wie denn wachsen
ohne den Traum,
dass alles anders sein könnte
vor den inneren Augen.

Wie denn weitergehen
ohne die Vision,
dass ein Weg sein werde
hinter der Tür des Morgen.

Segenswunsch: Weitergehen

Ich wünsche dir Neugier,
weiterzugehen, ja, gelegentlich sogar
über die Grenze dessen,
was bisher möglich erschien.

Ich wünsche dir den Mut,
aus den Bildern zu treten,
die zum Gefängnis wurden,
und alte Rollen abzustreifen
wie eine zu eng gewordene Haut.

Ich wünsche dir Verwegenheit,
neu zu vertrauen,
nicht nur,
aber auch dir selbst.

Schmerz und Heilung

Neben Maria

(ZU JOHANNES 20,11 FF.)

Manchmal gehe ich neben ihr durch die Finsternis zu den Gräbern.
Manchmal sehe ich in der Höhle die Engel.
Ich möchte bei euch sein, sage ich, ihr seid so schön und ich sehne mich nach euch.

Frau, warum weinst du, höre ich sie fragen. Sie machen die Tür auf zu meinem Kummer. Ja, ich weine. Weine um euch, meine Kinder. Die nie geborenen.

Tröstend steht ihre Frage im Raum und gibt mir Zeit. Ich spüre sie neben mir und verkrieche mich in meiner Trauer. Sie bleiben und lassen es zu. Wie schön ist es, ihnen nahe zu sein.

Irgendwann versiegen die Tränen, ich hebe die Augen und sehe den Schimmer, der in die Höhle fällt. Ein Weg aus verhaltenem Licht, der vorsichtig bittet, ihn zu betreten.
Ich stehe auf, (oder soll ich sagen: ich auferstehe), etwas wackelig noch, und taste mich aus dem Dunkel.

Vor dem Grab wartet der Morgen. Im Gegenlicht kommt eine Gestalt auf mich zu.

Frau, warum weinst du, fragt sie. Dieselbe Frage, die auch die Engel stellten. Doch klingt sie anders hier, wo nun die Sonne den Himmel erklimmt.
Als seien es nun genug der Tränen. Als gäbe es hier keinen Grund (mehr) dafür.

Nun spricht die Gestalt mich noch einmal an, als wisse sie um das, was war. Und nennt mich bei meinem Namen, so, dass aufzuleuchten scheint, wer ich bin.

Ich hebe den Kopf und sehe das Licht. Höre die Bienen, sie summen im blühenden Baum. Und bemerke nun auch den Bach, der über den Friedhof fließt.

Vielleicht leben sie, meine Kinder, in mir und auch auf andere Weise als ich.

Ich kann sie besuchen. Kann den Ort aufsuchen, den ich ihnen gegeben habe. Im Grab warten Engel und hören mir zu. Ich kann ihnen nah sein und trauern.

Und ich kann dann wieder und wieder ins Leben gehen. Wo die Morgensonne leuchtet, als wolle sie mir Mut machen, dem Tag zu vertrauen. Und einer mich bei meinem Namen nennt, als wolle er mich zurückrufen ins Leben.

Nur ein Traum

Heute
besuche ich meine Kinder.
Die nicht geborenen.

Sehnsucht
weist mir den Weg.

Ich sehe sie
spielen und lachen.
Sie vermissen
mich nicht.

Sie wohnen
in einer Liebe,
die größer ist
als meine.

Nur ein Traum.
Ja, ich weiß.

Einer, der wahr
sein könnte.

Gebet: Heilung

Dass du dich berühren lässt,
da, wo es weh tut,
dass du den Finger
in der Wunde erlaubst:

Es macht mir Mut,
meinen Schmerz wahrzunehmen,
meine Wunden anzuschauen,
meine Tränen zu weinen,
mich auszuhalten
in den schwersten Momenten.

Es schenkt mir Vertrauen,
dass Heilung möglich ist
und trotz der Narben
etwas Neues beginnt.

Unerkannt und doch nah

(ZU LUKAS 24,13-35)

Trauerwege. Der Blick bleibt am Boden.
Die Zeit fühlt sich an, als sei auch sie gestorben.
Mechanisch läuft sie weiter, ein totes Gerät. Funktionierend, doch ohne lebendig zu sein.

Du gehst auf dem Weg, der unüberschaubar ist, deine Beine bewegen sich, als gehörten sie nicht zu dir.

Neben dir einer, der ähnlich fühlt. Die Luft zwischen euch schweigt und wiegt schwer. Wenn einer zu sprechen beginnt, ist die Stimme müde und mürb von enttäuschter Hoffnung. Stockend, stotternd verlassen die Worte den Mund, als ließe sich so auch die Trauer verlangsamen, um nicht fassen müssen, was nicht zu fassen ist.

Einer stößt dazu, geht nebenher. Du nimmst ihn kaum wahr mit deinem gesenkten Kopf. Bis er fragt: Wovon redet ihr? Was belastet euch?

Wie gut das tut, einer, der zuhört, wenn du die ganze Geschichte noch einmal erzählst.
Die Spule dreht sich, der Film zeigt noch einmal, was war. Die Worte beginnen wieder zu fließen. Sie erzählen mit dem Vorzeichen »Vorbei«. Dir wird bewusst, was du verloren hast. Und dann fließen die Tränen.

Du spürst, etwas ist anders. Spürst, ohne es deuten zu können. Und ihr geht weiter, mal redend, mal schweigend, bis an das Ende des Weges.
Dann sitzt ihr am Tisch und er bricht das Brot. Er bricht es so, dass der Himmel nahkommt. Und da erkennst du: Er, den ich tot glaubte, ging neben mir.

Und ist auch heute da, in jedem, der mitgeht auf Trauerwegen, Schritt für Schritt. Der das Schweigen verschiebt und sich die ganze Geschichte noch einmal erzählen lässt.

Der weite Weg will gegangen sein. Da erkennst du das Brennen noch nicht, spürst nicht den Luftzug, der den glimmenden Docht anfacht, beharrlich und sanft.

Bis ein Moment kommt, der dir die Augen öffnet. Bis das Brot in deinem Mund wieder nach Erde und Himmel schmeckt. Und du das Brennen fühlst, die Flamme, die dich lebendig macht.

Bis du beginnst, neu zu leben.

Schöpfung

Nach der wochenlang währenden Nacht
und den Träumen aus anderen Welten
bin ich am Morgen erwacht.

Schräg wandert die Sonne
das Gras entlang
und justiert ihren Schein.

Fällt dann auf den Kirschbaum,
der blüht, als habe er
seinen Namen eben erhalten.

In seiner Krone stimmt nun
eine Amsel das Frühlied an
wie eine Uraufführung.

Dieser Morgen:
Er scheint mir
ein allererster zu sein.

Und verheißt verwegen
auch mir
einen neuen Anfang.

Die Trümmerfenster von Erfurt

Durch einen Bombenangriff gegen Ende des zweiten Weltkriegs sind die Fenster der Predigerkirche in Erfurt zerborsten.
Da gab es ein Lutherfenster und eines, das Johannes den Täufer abbildete. Andere zeigten Motive des Weihnachts- und des Osterfestes sowie des Karfreitags. Auf weiteren Fenstern waren Muster zu sehen, ähnlich denen, wie sie auf einem Orientteppich zu finden sind. Zwischen 1891 und 1898 waren diese gläsernen Kunstwerke im südlichen Seitenschiff und im Hohen Chor eingebaut worden.

Und nun sind die Fenster völlig zerstört. In unzähligen Einzelteilen liegen sie am Boden. Nicht mehr zu retten, so scheint es. Es hätte nahegelegen, die Scherben zusammenzufegen und auf den Müll zu werfen.

Aber so war es nicht. Einer war da, der die Bruchstücke aufgesammelt hat. Vielleicht hat er sich geschnitten daran. Ich stelle mir vor, wie er sie trotzdem einbettet in etwas Weiches, Papier oder Wolle, damit sie nicht noch mehr zerbrechen.

Manches ist auf den Fragmenten noch gut zu erkennen:
eine Feder, eine Rose, ein Eichenblatt, eine Hand, Fragmente von Bögen und Linien, ihr angedeuteter Schwung.
Anderes bleibt rätselhaft und weckt die Fantasie.
Hier könnten die Falten eines roten Gewandes zu sehen sein, dort der Rest eines Haarschopfes, dies mag ein Stück vom Himmel gewesen sein und dort, der angedeutete Schwung: Er könnte zu einem Gesicht gehört haben.
Heil machen lassen sich die Fenster nicht mehr. Man könnte sie allenfalls rekonstruieren.

Doch der Restaurator und Glasmaler Heinz Hajna hat eine andere Idee. Wo andere wertlose Bruchstücke wahrnehmen, sieht er, was Neues entstehen könnte.
Und so bettet er die Fragmente in einen anderen Zusammenhang ein. Fenster entstehen nun, die vollkommen anders sind als die ursprünglichen. Im Namen »Trümmerfenster« klingt an, was geschehen ist. Ja, man sieht den neuen Bildern an, dass ihre einzelnen Teile Gewalt und Zerstörung erfahren haben.
Und doch sind aus den Scherben wieder Kunstwerke geworden, die zum Staunen bringen.

Ich denke an mein eigenes Leben, in dem manche Bilder zu Bruch gehen. Meine Pläne lassen sich nicht umsetzen, das, was ich erträumt habe, zerplatzt.
Ein Mensch ist ganz anders, als ich gedacht hatte. Wird unsere Beziehung diese Krise überstehen?
Das, was ich von Gott geglaubt habe, zerbricht. Mein Bild vom Allmächtigen bekommt Risse, ja, es zerfällt.

Wie schnell bin ich versucht, das zu verwerfen, was in Scherben vor mir liegt.
So leicht halte ich es für wertlos, tauglich nur noch für den Müll.
Vielleicht benötigt das, was zerbrochen ist, einen anderen Zusammenhang, um die eigene Schönheit in einem anderen Bild neu zu entfalten.
Vielleicht braucht es jemanden, der das erkennt und behutsam hilft, die Fragmente zu ordnen, sie anders zusammenzustellen oder in einem neuen Licht zu sehen.

Zerbrochenes wird nie wieder sein wie vorher. Dennoch machen die Bruchstücke des Lebens und des Glaubens das Ganze nicht wertlos. Es ist möglich, dass sie einen anderen Kontext erhalten und sich ein neuer Sinn ergibt. Dass so etwas wie Heilung geschieht.

Dann leuchtet neu auf, was fast schon verworfen war. So wie die Scherbenfenster der Predigerkirche in Erfurt.
Alles, was war, ist in diesem Bild enthalten. Tränen und Trümmer. Zweifel und Verzagen. Schönheit und Schmerz.

Und wer es sieht, sehen kann, fühlt sich auf eine seltsame Weise verstanden und staunt.

Einmal wird

Einmal wird durch die Wolken
ein Lichtstrahl brechen
und was erstarrt war
zum Tauen bringen.

Einmal wird durch den Staub
ein Stängel drängen
und eine Knospe sich schieben
in Richtung Himmel.

Einmal wird hinter den Tränen
ein Lächeln warten
und der Schmerz klingt ab
und wird still.

Einmal wird hinter dem Tod
das Leben summen
und dich auffordern:
Komm, stimm ein in mein Lied!

Segenswunsch: Durch die Nacht

Manchmal ist es dunkel,
kein Schimmer zu sehen,
kein Laut zu vernehmen,
auf dem Weg durch die Nacht.

Ich wünsche dir,
dass Worte von fern,
gesprochen vor langer Zeit,
in deiner Nähe bleiben.

Und dass der Schweif
eines lang verloschenen Sterns
im richtigen Moment aufscheint,
um dich zu leiten.

Bis die Stimmen der anderen
neu in dir zu klingen beginnen
und der Tag sich ankündigt
mit seinem Licht.

Zeit und Ewigkeit

Bei einer Tasse Tee

»Wo kommst du denn her?«, fragt sie, als sie die Tür öffnet.
Dass ich mich angekündigt hatte, hat sie vergessen. Ihr Leben findet fast nur noch im »Jetzt« statt, genau in diesem Moment.

Wir gehen in ihre Wohnung. Dort findet sie sich noch gut zurecht. Sie nimmt die silberne Teekanne aus dem Schrank, dazu die Dose mit dem goldgrünen Muster.

Dann bereiten wir miteinander Tee zu, auf die ostfriesische Weise, so wie sie es immer gemacht hat.
Sie wärmt die Kanne vor und schüttet die losen Teeblätter in den Filter.
»Zuerst nur halbvoll machen« meint sie, als ich das kochende Wasser darüber gieße.
Ich muss lächeln. Wie oft schon hat sie mir das gesagt: »Erst musst du den Tee fünf Minuten ziehen lassen, dann kannst du die Kanne ganz voll machen!«

Später sitzen wir in ihrem Wintergarten, vor den bodentiefen Fenstern blühen die ersten Rosen, weiß und rosé.

Ich gebe einen Kandis in die Tasse, Kluntje nennt man den hier. Es knistert, als ich den Tee darüber gieße. Vorsichtig lege ich mit dem gebogenen Löffel etwas Sahne auf die Oberfläche. Sie sinkt hinab und kommt als Wölkchen wieder nach oben.
»Een Wulkje«, sagt meine Mutter.

»Wie lange bleibst du?« fragt sie.
»Bis übermorgen.« Ich antworte ihr, obwohl ich sicher bin, dass sie den Sinn dieser Worte nicht mehr versteht.

Zeitliche Zusammenhänge sind ihr schon lange abhandengekommen. Meine Antwort wird sie innerhalb weniger Minuten wieder vergessen haben. Selbst dass ich heute da gewesen bin, wird sie schon morgen nicht mehr wissen.

Und trotzdem stellt sie Fragen. Nun nach ihren Enkelkindern. Ich berichte ihr, jedes Mal wieder, sicher zum zwanzigsten Mal, wer gerade was studiert.
Dann mache ich einen Schwenk in frühere Zeiten und erzähle ihr, wie sie mit den Kindern gespielt hat, als die noch klein waren. Vom Schlachtfeld, in das sie die Küche verwandelt haben, als sie in der Adventszeit Plätzchen backten. Von gemeinsamen Urlauben auf der Insel mit Kutschfahrten und nackten Füßen am Strand.

Sie lacht. Doch sie erinnert sich nicht mehr daran.

Je kürzer das Vergangene zurückliegt, desto kürzer scheint auch die Halbwertszeit in ihrer Erinnerung zu sein.

Was aber in ihrer eigenen Kinderzeit, in der Zeit als junge Erwachsene dort eingeweckt wurde, das hält noch immer. Ja, es ist als hole sie es erst jetzt wieder aus den Tiefen ihres brüchig gewordenen Gedächtnisses hervor.

Was lange her ist, es scheint den Raum einzunehmen, den das, was erst gestern war, nicht mehr beanspruchen darf. Und so höre ich viele Geschichten von damals nun zum ersten Mal.

Die schrecklichen vom Krieg vor allem: von ihrem Bruder, der gefallen ist. »Er war der lustigste von allen. Wir haben noch einen Brief aus dem Lazarett von ihm bekommen.« Aus dem kann sie bis heute wörtlich zitieren.
Dann erzählt sie von Matratzenlagern im Luftschutzkeller. »Damit wir ein bisschen schlafen konnten.« Da war sie 14 Jahre alt und lebte zusammen mit anderen Mädchen in einer Jugendherberge, um sich zur Lehrerin ausbilden zu lassen.

Aber auch Tröstliches kommt wieder zum Vorschein. Manches, das zurückreicht bis in ihr erstes Lebensjahrzehnt.
Da spielt sie selbstvergessen mit den Kartoffelschalen, die aus der Hand ihres Vaters in einen Eimer fallen. Sie sitzt zu seinen Füßen, an seine Beine gelehnt, spürt die Wärme in ihrem Rücken und fühlt sich geborgen.

Mir kommt es vor, als reiche diese Erinnerung hinein in den Augenblick, als fände er hier statt, in diesem Wintergarten. Und sie, die Gebrechlichgewordene mit dem so löcherigen Gedächtnis, lehne sich gerade jetzt an die tröstliche Wärme ihres längst verstorbenen Vaters.

Schattenbild

Ein Hauch,
ein Schattenbild in einer Handbreit Tage

und manchmal stumm
vor allem, was misslang.

Ein Hauch,
ein Schattenbild in einer Handbreit Tage

und doch so fröhlich,
weil ich bin.

Das Buch meines Lebens

Gelegentlich will ich
in meinem Leben blättern
wie in einem guten Buch.

So viele Seiten,
so viele Bilder.
Menschen. Tiere.
Häuser. Wiesen.
Wälder. Das Meer.

Ich freue mich am Schönen,
an der Liebe, dem Lachen.
Und will auch das Schwere
nicht verschweigen,
die Tränen, das Leid.

Gespannt will ich bleiben,
auf die Seiten,
die unberührt vor mir liegen.

Einmal gebe ich
das Buch meines Lebens
zurück an den,
der es mir geliehen hat.

Danke sage ich,
und lege mein Leben
und lege mich selbst
in seine großen,
freundlichen Hände.

Gebet: Mehr nicht

Gehen dürfen
über die Schwelle
zu dir.

Mich loslassen
und doch gehalten werden
von dir.

Sei nah.
Sei da.

Mehr bitte ich nicht,
wenn ich nicht mehr bin.

Kalligraphen

Chinesische Männer am Ufer eines Sees. Immer wieder tauchen sie einen Stock ins Wasser, an dessen Spitze ein Schwamm gebunden ist. Dann malen sie sorgsam und genau Schriftzeichen auf flache, steinerne Inseln, die sich im Wasser befinden.
Je nachdem, ob Wolken über den Himmel ziehen oder aber die Sonne herunter brennt, verschwinden die Zeichen früher oder später. Kaum eines hält sich wohl länger als eine halbe Stunde auf diesen Steinen.
Der österreichische Schriftsteller Christoph Ransmayr hat die Kalligraphen am Ufer des Kunming-Sees im Nordwesten von Peking beobachtet und schildert sie in seinem Buch »Atlas eines ängstlichen Mannes«. Als er sie fragt, was sie dort tun, erzählen sie ihm ihre Geschichte. Uralte Gedichte sind es, die sie auf die Inseln aus Stein auftragen. Sie bewahren sie auf zärtliche Weise mit ihren vergänglichen Mitteln.

Oft schon habe ich darüber nachgedacht, ob diese Kalligraphen ein Bild sein könnten für einen Gott, der seine Ewigkeit ins Zeitliche zeichnet. Ähnlich versunken, manchmal schweigsam, tut er seine Arbeit. Sorgsam und zärtlich schreibt er sich ein in die vergängliche Welt.
Könnte es sein, dass wir seine Schriftzeichen sind? Flüchtig und fragil. Verwehende, in denen doch der Geist Gottes wirkt und wächst. Sein wertvolles Wort, flüchtig aufblitzend in der Zeit. Vergänglich. Und doch Wohnstatt seines Heiligen Geistes und so auch selbst geheiligt.
Gott, der uns mit Schönschrift schreibt in die Zeit: Er weiß, wer wir sind. Was uns ausmacht, bewahrt er in seinem Gedächtnis.

(nach Christoph Ransmayr, Atlas eines ängstlichen Mannes, S. Fischer, 4. Auflage 2012.)

Anders gesagt: Ewigkeit

In der Ewigkeit entspringt die Sehnsucht nach einer neuen, heilen Welt. Dort sind die Träume zu Hause von einem Leben, das sich erfüllt. Abgebrochene Lebenswege, zerstörte Hoffnungen, offene Fragen haben nur das vorletzte Wort über uns. Einmal spricht Gott ein neues »Es werde«. Dann werden Tränen getrocknet und Schmerzen gestillt. Der Tod wird vergehen für immer.
Ewigkeit: Das ist Zukunftsmusik, die ins Heute klingt. Damit Sehnsucht und Träume uns antreiben, schon jetzt die Erde zu verwandeln.

Segenswunsch: Ewigkeit

Ich wünsche dir
Momente der Stille,
in denen du eine Ahnung gewinnst
von dem, was hinausreicht
über unsere Zeit.

Augenblicke, in denen
du geborgen bist,
als seist du gehalten
von einer unsichtbaren Hand.

Ich wünsche dir Zeiten,
in denen dein Herz
sich gewöhnen kann
an die Schönheit
der Ewigkeit.

Willkommen

Hinter der Tür
erwartet dich einer
mit Leben und Licht.

Heute und Hier

Dreiunddreißig Jahre - drei Tage

Die tiefste Weise, sich in einen anderen Menschen einzufühlen, wäre, in seine Haut zu schlüpfen. Von Gott wird erzählt, dass er genau das getan hat. In der Krippe beginnt sein Menschenweg. Und währt dann etwa dreiunddreißig Jahre.
Gott in der Menschenhaut. Einfühlsam geht er über die Erde. Er wechselt die Perspektive und setzt dabei unten an, an der Wurzel. Radikal sozusagen. Er sieht die, die ganz unten sind, nicht nur, sondern weiß um sie. Ihre Geschichten liest er, als seien sie seine eigenen. Er spürt ihre Gefühle und denkt ihre Gedanken. Und trägt dann sich selbst ein in ihr Leben. Auf eine heilsame Weise.

Da ist die gekrümmte Frau (Lukas 13,10 ff.), seit achtzehn Jahren schon hat sie den Himmel nicht mehr gesehen. Sie kann sich nicht mehr aufrichten, kann nicht auf Augenhöhe mit anderen sprechen. Ich stelle mir vor, dass nicht nur ihr Blick am Boden ist.
»Du bist erlöst«, sagt Jesus zu ihr.

Oder Zachäus (Lukas 19,1 ff.). Ein reicher Mann, könnte man meinen. Als Zöllner hat er die anderen ausgenommen. Und sich selbst auf ihre Kosten bereichert.

Nun ist er auf einen Baum geklettert, um Jesus gut sehen zu können und dabei doch selbst nicht gesehen zu werden.
»Komm da runter«, sagt Jesus. Vom Baum, aber auch vom Unheil, in das du dich verstiegen hast. »Ich will dich besuchen. Nicht nur in deinem Zuhause, sondern in deinem Leben.«

Die Haut eines anderen überzustreifen, als sei es die eigene, ist uns Menschen nicht möglich. Aber wir können immerhin in den Schuhen des anderen gehen. Drei Tage lang soll man das tun, so sagt ein indigenes Sprichwort, bevor man sich ein Urteil über ihn anmaßt. Drei Tage, das wäre schon viel.

Drei Tage, und ich stelle mir vor, wie das, was ich an Schlechtem über mein Gegenüber dachte, zusammenschrumpft. Immer vertrauter werden mir sein Gesicht und sein Leben. Wenn ich seine Geschichte kennenlerne, wird mir auch sein Denken und Fühlen vertraut. Es schafft sich Platz in meiner Seele und weitet sie.

Es müssen nicht dreiunddreißig Jahre sein. Drei Tage verändern schon viel, manchmal alles.

Wenn ich mich einmal eingefühlt habe, werde ich auch weiterhin mitdenken und -fühlen, was im Gegenüber vorgeht. Ich kann mich nicht mehr abschotten und in die Hoheit des eigenen Ich zurückziehen. Mich über andere zu erheben, mich ihrer zu bemächtigen, wird unmöglich.

Und wenn ich wieder eintrete in das, was vertraut war, wird es mir vielleicht fremd vorkommen. Es ist nun angereichert mit dem Blick eines anderen.
Das wird uns beide verändern. Heilsame Prozesse kommen ins Rollen. Neue Wege tun sich auf. Das Leben wird reich und tief auf diese Weise. Als hättest du es gewonnen.

Nicht nur drei Tage, sondern dreiunddreißig Jahre ging Gott in der Menschenhaut. Und kann dann nicht mehr aus ihr heraus. Er verändert sich. Wird verletzlicher und barmherziger.

Doch noch ist sein Weg nicht zu Ende, Gott geht weiter, dieses Mal drei Tage, und schlüpft nun in die Todeshaut. Er besucht eine Sphäre, die uns verborgen ist, und steigt hinab in ein Reich, aus dem kein Mensch jemals zurückgekehrt ist.

Was dort genau geschieht, erfahren wir nicht.
Doch am Ende gibt der Tod sein Reich her und damit auch die, derer er sich bemächtigt hat. Seine Urteile hebt er auf. Er stellt sich nicht länger dem Leben in den Weg. Seine zerstörerische Kraft ist aufgehoben.

Als sei sie hineingenommen in die Liebe.

Warum ...

Weil ich nicht leben will
ohne die Träume,
die er geträumt hat
von einer Welt,
in der Kinder den Frieden lernen
und nicht den Krieg,
in der Löwe und Lamm
beieinander liegen.

Weil ich nicht sein kann
ohne die Bilder,
die er gesehen hat
von uns Menschen:
mehr als gesund, nämlich: heil
und mit lebendigen statt
steinernen Herzen.

Weil ich nicht gehen mag
ohne die Sehnsucht,
die er gespürt hat
nach Gegenüber und Ebenbild,
um sein himmlisches Leben
zu teilen.

Weil seine Träume
wie silberne Fäden
die Tage durchwirken
und seine Bilder
die dunklen Herzen
wenden ins Licht.

Weil seine Sehnsucht
in tote Winkel dringt
und sie belebt.

Weil Träume, Bilder
und Sehnsucht endlich
zu unseren werden
und er durch uns
die Erde verwandelt.

Den Empathiesinn schulen

Eine überlieferte Vorstellung sieht den Menschen als ein Wesen, das aus Körper, Geist und Seele besteht.
Nimmt man diese Vorstellung auf, so könnte man dem Körper den Realitätssinn zuordnen. Er verbindet sich mit dem, was unmittelbar spürbar ist, durch die Sinnesorgane: Augen, Ohren, Haut, Nase und Zunge.

Dem Geist möchte ich den Möglichkeitssinn zuordnen. Er führt vor Augen, was nicht ist, aber vielleicht sein könnte. Ihm sind das Denken und die Fantasie eigen. Das Vermögen, die Welt zu ergründen und auch, sie neu und anders zu entwerfen.

Welcher Sinn aber ließe sich der Seele zuordnen? Ich habe lange überlegt und es scheint mir der Empathiesinn zu sein. Er verbindet uns mit allem, was ist, über das Mitgefühl.
Einfühlungsvermögen gehört dazu, das Erspüren und das Erahnen, die Intuition.

Wenn dieser Empathiesinn beschädigt ist, nimmt auch die Seele Schaden. Ich bin dann wie abgeschnitten von den eigenen Gefühlen, und darum auch von dem, was andere Menschen innerlich bewegt.

Das kann auf vielerlei Weise geschehen: durch Verdrängung, Rückzug und innere Abschottung etwa. Solche Abwehrmechanismen sind zunächst sinnvoll und nötig, um den Alltag und das Leben bewältigen zu können.
Ist die Seele jedoch überlastet durch das, was auf sie einstürmt, so kann es zu seelischen Erkrankungen kommen. Etwa, wenn jemand ein Trauma erlebt oder unter Dauerstress steht und in eine Erschöpfungsdepression rutscht. In diesen Fällen ist professionelle Hilfe nötig.

Für die Seele zu sorgen, könnte bedeuten, das Einfühlungsvermögen zu schulen. Das heißt zunächst, sorgsam auf mich selbst zu achten: Was geht in mir vor? Nehme ich meine Gefühle wahr; Freude und Trauer, Glück und Schmerz, Zärtlichkeit und Zorn? Dürfen sie sein?
Kann ich mitfühlen mit dem Kind, das ich war?

So schärfe ich meine Sensibilität auch für andere Menschen. Ich lerne, mich in sie hineinzuversetzen. Wie kommen meine Worte an bei dem, der sie hören wird? Was geht im Gegenüber vor? Was hat diesen besonderen Menschen zu dem werden lassen, der er ist?

Ich wünsche mir, dass der Empathiesinn schon früh in den Blick kommt, in Elternhäusern, Kindergärten und Schulen. Schon Kinder können lernen, auf sich selber und auf die anderen zu achten und die Folgen ihrer Worte und Taten in den Blick zu nehmen.
Im Kontakt mit der eigenen Seele zu sein, ermöglicht, auch in Kontakt mit anderen zu treten und mit ihnen zu fühlen. Es macht ein tiefes Verstehen möglich, das oft beide Seiten beglückt.

Gott

Unmögliches gewordenes Wort,
Menschgewordenes
im Himmel und auf Erden.

Wort,
das untersagt uns ist
und das wir doch
täglich
nennen müssen:

Wie könnten wir dich aussprechen
am Ort der Mächtigen?

Wie dich verschweigen
den Armen der Erde?

Gebet: Sinnvoll

Gott,
ich danke dir für mein Leben.
So zerbrechlich ist es in der Zeit.
Jeder Tag kann Anfang sein
und Ende.

Meine Zeit will ich nehmen
aus deiner Hand.
Jahr um Jahr,
Tag um Tag,
Stunde um Stunde.

Will mich versöhnen mit dem,
was nicht zu ändern ist,
und mich nicht klammern an Misslungenes.

Will beweglich bleiben,
ausloten, was ich gestalten kann,
und angehen, was ich als meine Aufgabe erkenne.

Zwischen Anfang und Ende
lehre mich, Gott,
meine Zeit zu erfüllen
und dem Leben einen Sinn zu geben.

Offen nach oben

Das Pantheon in Rom ist ein ganz besonderes Gebäude. Im zweiten Jahrhundert fertiggestellt, war es vermutlich zunächst ein Tempel, der allen Göttern geweiht war. Auf der kreisrunden Grundfläche erheben sich Mauern aus Marmor und Granit, darüber wölbt sich hoch eine Kuppel, in deren Mitte eine Öffnung von neun Metern Durchmesser ist.
Im Jahre 609 wurde dieser Tempel in eine christliche Kirche umgewandelt, die den Namen Santa Maria ad Martyres erhielt. Aufgrund seiner Form wurde der Bau im Volksmund zu »La Rotunda«.
Licht fällt von oben in diese Rotunde, die hellen Wände fangen es auf und reflektieren es.

Ein Himmelsauge, im doppelten Sinne, durch das die Menschen von unten in den Himmel schauen. Und wer weiß, vielleicht schaut auch einer in die umgekehrte Richtung auf die, die sich versammeln.

Hier scheint vieles möglich zu sein.

Und tatsächlich ereignet sich in dieser Kirche Jahr für Jahr ein kleines Wunder, seit tausend Jahren schon.
Jedes Jahr am Pfingstfest, just in dem Moment, in dem der Hymnus »Veni creator spiritus« (Komm, Schöpfer Geist) erklingt, geschieht es: Durch das kreisrunde Loch in der Kuppel der Kirche segeln abertausende rote Blütenblätter auf die Menschen herab.

Es ist ein inszeniertes Wunder. Feuerwehrleute machen es möglich. Aus 43 Metern Höhe werfen sie die Blätter durch das Himmelsauge. Auch, wenn man weiß, wie es geschieht, dieses Wunder: Weniger beeindruckend ist es darum nicht.

Abertausende, vielleicht Millionen von Blütenblättern, samtig und duftend regnen sie herab, leicht lesbare Metaphern für den Geist Gottes. Kraftvoll und zärtlich ist der, warm und lebendig, und manchmal lodernd und heiß.
In vielen Gestalten kommt er, immer aber ergreifend, und macht Menschen wie dich und mich zu Gesegneten und Gesandten.

Und noch etwas zeigt diese besondere Kirche, die nach oben hin offen ist.
Denn es sind ja nicht immer Blütenblätter, die von oben herabkommen. Oft genug sind es Regentropfen oder auch Schnee. Ja, sogar Hagel hämmert auf den steinernen Boden der Rotunde.

Wer sich öffnet, der riskiert, dass auch andere eintreten als die gern gesehenen Gäste.
Er wird erfahren, dass Unliebsames und Unerwünschtes hereinkommen kann. Sicherer wäre es also, sich abzuschotten und jede Öffnung einbruchsicher zu verriegeln.

Im Pantheon aber öffnet sich trotz allem die Kuppel weit nach oben, durchlässig für Gesänge und Gebete. Eines könnte so klingen:

Ja, komm, Heiliger Geist. Lass uns zuweilen nicht ganz dicht sein. Lass uns nach oben offen bleiben. Für die Zeichen von Liebe, die aus dem Himmel zur Erde zu segeln scheinen. Blütenblätter, duftend und zart, Sonnenstrahlen, warm und hell, Worte, angeflogen im richtigen Augenblick.
Lass uns empfänglich bleiben für die große Kuppel über unseren Köpfen: für den Himmel, der sich über uns wölbt, der ein Auge auf uns hat und uns segnet und sendet.

Angesteckt

Der Himmel:
ein Funken,
einmal entfacht
breitet er sich
züngelnd aus,
wird zum Lauffeuer,
das um sich greift.

Es erfasst
mich und dich,
brennt in uns,
schafft sich Raum,
bis die Liebe
in warmen Farben
leuchtet durch uns.

Segenswunsch: Unverhofft

Ich wünsche dir,
dass Gottes Geist
wie eine Brise
dein Leben durchweht,
erfrischend und belebend,
anregend und verwirrend.

Dass er in dir
sein Feuer entfacht,
wünsche ich dir,
und dich offen macht
für das,
was unverhofft
vom Himmel fällt.

Dank

Freiraum und Unterstützung sind nötig, damit das Schreiben mir möglich ist.
Ich danke meiner Familie, dass sie mir beides gewährt.

Meiner Schwester Heinke Willms danke ich für ihren Gastbeitrag.

Wertvolle Anregungen und Fragen zum Manuskript verdanke ich Annette Baden-Ratz, Maria Beisel, Jan-Lukas Willms und Heinke Willms. Ohne ihren kritischen und würdigenden Blick hätte ich kaum den Mut gehabt, dieses Buch zu veröffentlichen.

Quellenverzeichnis

Alle Bibelverse sind entnommen aus: Lutherbibel, revidiert 2017, © 2016 Deutsche Bibelgesellschaft, Stuttgart.

Hansen, Dörte: Mittagsstunde, Penguin 2018.

Ransmayr, Christoph: Atlas eines ängstlichen Mannes, S. Fischer, 4. Auflage 2012.

Willms, Tina: Am Wegrand: Ein Wunder. Mit offenen Sinnen durch das Jahr. © 2016 Neukirchener Verlagsgesellschaft mbH, Neukirchen-Vluyn.

Willms, Tina: Erdennah – Himmelweit. Ein Jahresbegleiter zu den Wochensprüchen. © 2014 Neukirchener Verlagsgesellschaft mbH, Neukirchen-Vluyn, 4. Auflage 2019.

Willms, Tina: Zwischen Stern und Stall. Ein Begleiter durch die Advents- und Weihnachtszeit. © 2015 Neukirchener Verlagsgesellschaft mbH, Neukirchen-Vluyn, 3. Auflage 2018.

Erwähnte Internetseiten

https://www.ekiba.de/html/aktuell/aktuell_u.html?&m=31&artikel=7182&cataktuell=40. Zugriff am 27.08.2019.